D1749453

Norstedts
Besöksadress: Tryckerigatan 4
Box 2052
103 12 Stockholm

www.norstedts.se

Norstedts ingår i
Norstedts Förlagsgrupp AB,
grundad 1823

© 2013 Emelie Holm
och Norstedts, Stockholm
Formgivning: Anette Rosvall
Omslag: Anette Rosvall, Foto: Jenny Grimsgård
Foton: Jenny Grimsgård
Tryckt inom EU 2013
Prepress: Elanders Fälth & Hässler, Värnamo
ISBN 978-91-1-304964-9

LITEN KAKA • EMELIE HOLM

SMÅKAKOR, PAJER OCH ANDRA SÖTA BAKVERK

FOTO: JENNY GRIMSGÅRD

NORSTEDTS

Innehåll

Förord .... sidan 4

Tips till bagaren .... sidan 6

Småkakor .... sidan 9

Glass, parfait & mousse .... sidan 31

Pajer .... sidan 55

Minikakor & cupcakes .... sidan 75

Mjuka bitar .... sidan 99

Tårtor .... sidan 115

Drinkar .... sidan 131

Tillbehör .... sidan 147

Stort tack till .... sidan 152

Register .... sidan 153

FÖRORD

Jag är ingen formellt utbildad bagare – jag bara älskar att baka! Kärleken kommer från viljan att skapa och att vara kreativ. Känslan när jag gör en fin och god kaka är densamma som för en konstnär som skapat ett fint verk eller en designer som ritat och sytt en vacker klänning. Resultatet och skapandeprocessen är vad som driver mig. Det är därför jag har gjort en bakbok.

Jag hämtar inspiration till bakningen från alla håll och kanter. Jag vänder och vrider på en mazarin och tänker: Kan man göra något roligare av den här? Jag håller i en bukett rosor på handelsträdgården och tänker: Så här ska nästa tårta se ut! Nyfikenheten på andra kulturer är också en riktig ugnslucke-öppnare och jag tar med mig nya kunskaper om bakning och bagerier hem från varje resa.

Ambitionsnivån för bakningen bestämmer du själv. Du behöver inte vara ett proffs! Det viktiga är att ha kul i köket och att ta det för vad det är. Jag har upptäckt att misslyckanden leder till framgång. Blev det tokigt med brownien? Smula ner den och använd den till cake pops. Misslyckades du med macaroner igen? Baka en sockerkaka och fyll den med de smulade marängskalen. Variationerna är oändliga.

Bra recept, råvaror och redskap är viktigt att ha när man bakar. Därför finns mina bästa recept i den här boken, och tips om råvaror och redskap hittar du på sidan 6.

Enjoy!

Emelie Holm, dessertkreatör

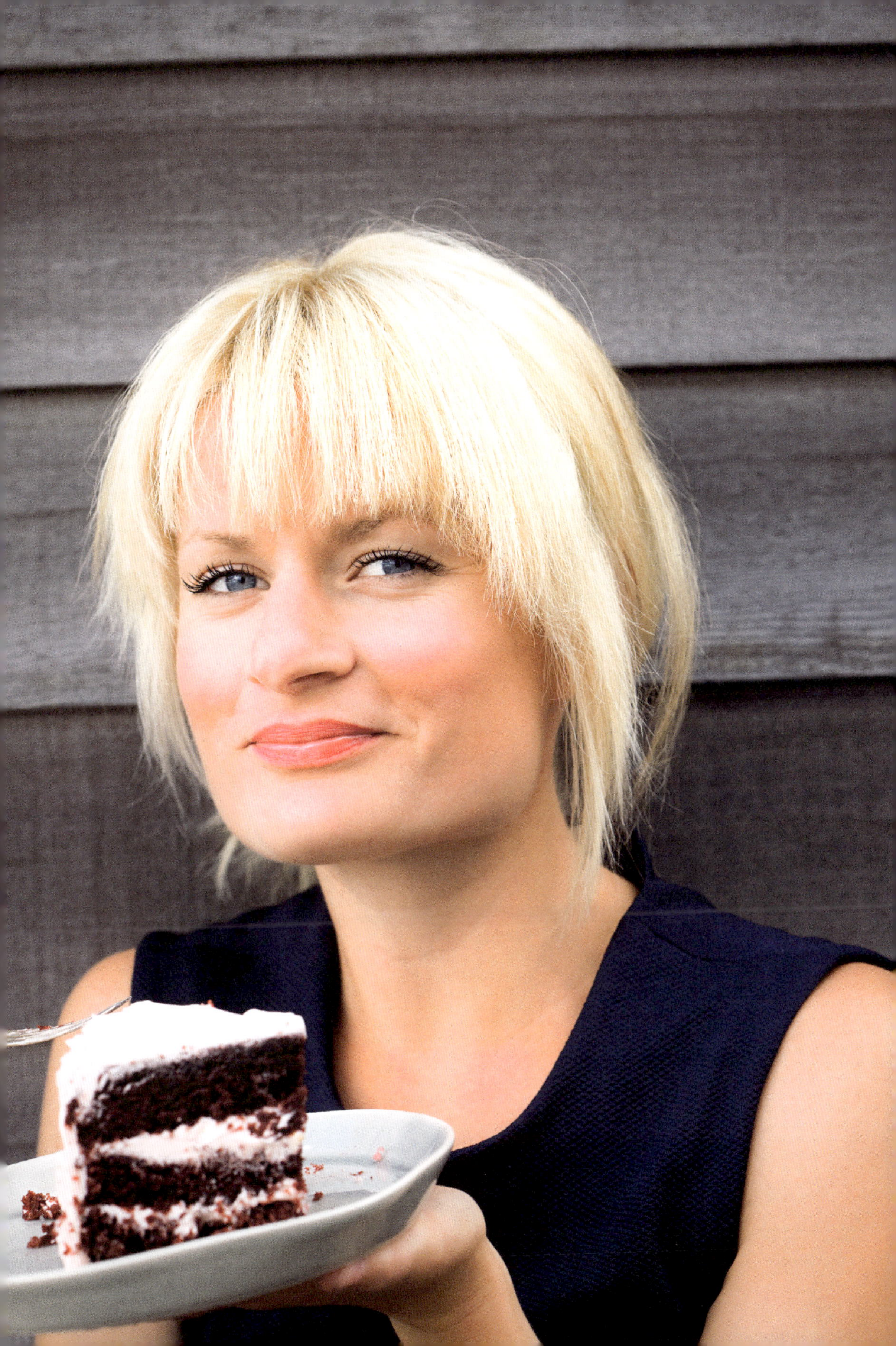

TIPS TILL BAGAREN

När du införskaffar råvaror och produkter till din bakning, köp ekologiskt i möjligaste mån. När du köper choklad och kakao, välj produkter av hög kvalitet. Det blir dyrare, men som tack får du godare bakverk. Om du väljer Fairtrade-märkt hjälper du dessutom de som gjort produkten att få bättre levnadsvillkor.

Om du investerar i baktillbehör, redskap och köksapparater av bra kvalitet håller de i många år – de gör dessutom bakningen enklare och roligare!

- Formar: Se till att ha bra formar oavsett om det gäller paj-, bröd- eller briocheformar. Vill du bli grym på muffins och cupcakes – skaffa muffinsplåtar. Idag finns dessa att köpa i princip överallt, så det finns inga ursäkter.

- Spritspåsar: Samma som ovan. Påsar och tyllar kan du hitta på ICA, Åhléns, Lagerhaus ... You name it!

- Köksassistent eller elvisp: En bra köksassistent kan vara rätt dyr, men har du intresset kommer den att boosta ditt självförtroende när det gäller bakning (tro mig, jag vet). I väntan på en köksassistent fungerar elvispen lika bra.

- Mixer eller matberedare: Ett måste. I den mixar du puréer, blandar paj- och mördegar, finhackar choklad ...

- Förvaring och bunkar/skålar: Se till att ha bra plastlådor med tättslutande lock till kakor som blir över eller som du fryser in. Bunkar och skålar i olika storlekar och material underlättar bakningen.

- Redskap: En vinklad spatel/palettkniv, en digital våg, ballongvisp, slickepott och en finmaskig sil är bra att ha när man bakar.

Allt detta och mer hittar du på inköpsställena nedan:

www.tartdecor.se
www.kitchenlab.se
www.usagodis.se
www.bagarenochkocken.se

Lycka till!

Småkakor

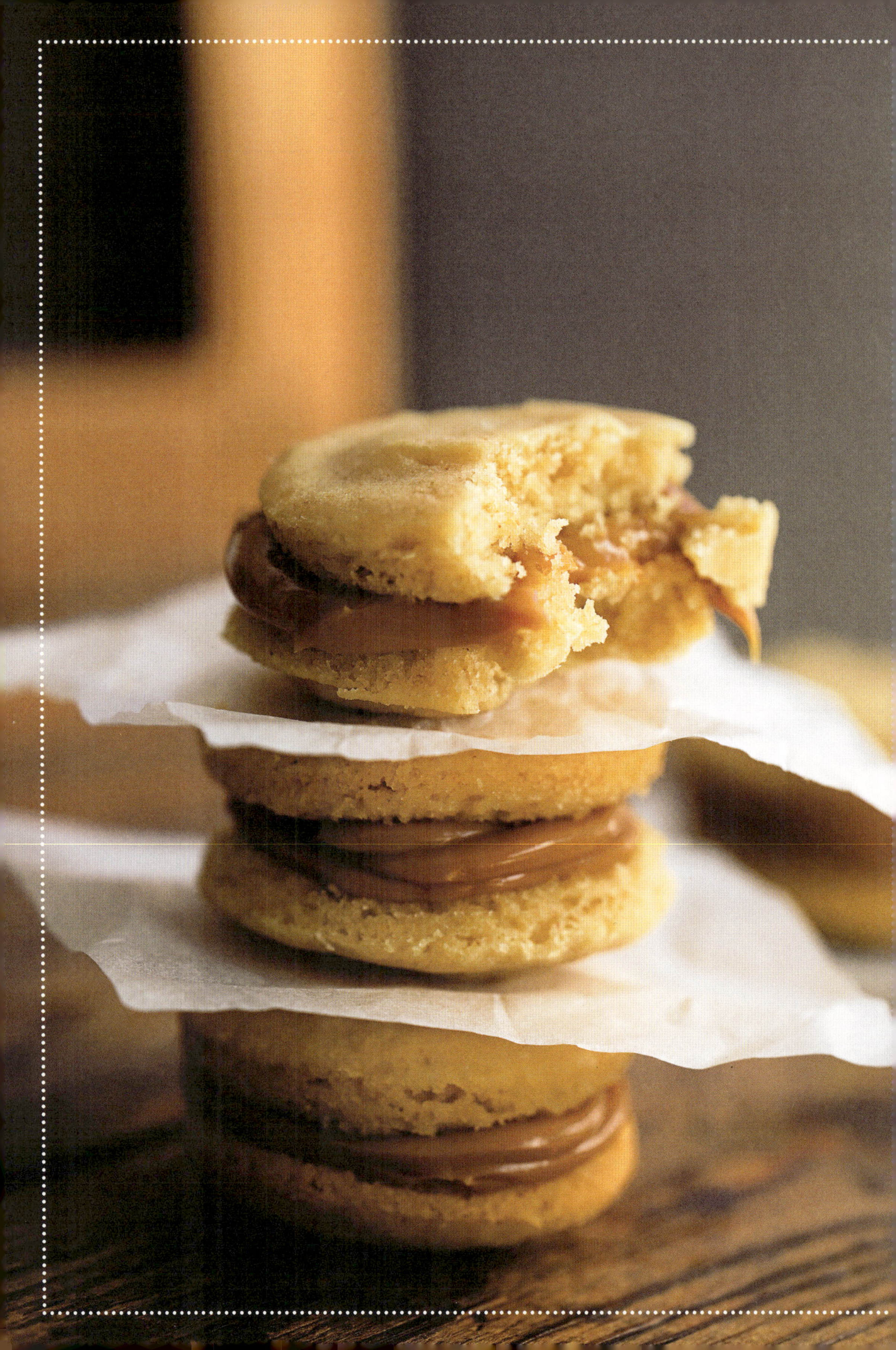

JORDNÖTSKAKOR
cirka 20 dubbla kakor

Den här kakan påminner lite om en whoopie pie, dubbla kakor med god kolasås emellan. Ett måste för alla som älskar jordnötssmör!

KAKOR:
- 100 G SMÖR, RUMSVARMT
- 1 ¼ DL RÖRSOCKER
- 1 ÄGG, RUMSVARMT
- 3 DL VETEMJÖL
- 2 TSK BAKPULVER
- 1 ½ TSK VANILJPULVER
- ½ TSK SALT
- ½ DL MJÖLK
- 2 MSK JORDNÖTSSMÖR

FYLLNING:
- 1 BURK DULCE DE LECHE (400 G), SE RECEPT PÅ SIDAN 149

1. Sätt ugnen på 175°.
2. Vispa smör och socker till en fluffig kräm med elvisp.
3. Tillsätt ägget och vispa på låg hastighet.
4. Blanda alla torra ingredienser och rör ner i smeten tillsammans med mjölken.
5. Avsluta med att röra ner jordnötssmöret.
6. Fyll en spritspåse och spritsa eller lägg med en sked klickar som är cirka 5 centimeter i diameter på en plåt med bakplåtspapper. Lägg dem inte för nära varandra, de flyter ut när de gräddas.
7. Grädda kakorna cirka 10 minuter, ta ut dem innan de börjar få färg. Låt svalna.
8. Sätt ihop kakorna två och två med dulce de leche emellan, botten mot botten.

DOUBLE CHOCOLATE CHIP COOKIES
cirka 24 kakor

Choklad är det godaste jag vet. Efter choklad kommer kakor. Går det att trycka in så mycket choklad som möjligt i en kaka finns det ingen som blir lika lycklig som jag. Total dekadens – I love it!

3 ½ DL VETEMJÖL
1 ½ DL KAKAO
1 TSK BAKPULVER
1 TSK HAVSSALT
200 G SMÖR, RUMSVARMT
1 DL RÖRSOCKER
1 DL STRÖSOCKER
1 TSK VANILJSOCKER
2 TSK ESPRESSOPULVER
2 ÄGG
2 DL CHOCOLATE CHIPS ELLER FINHACKAD MÖRK CHOKLAD

1. Blanda mjöl, kakao, bakpulver och salt i en bunke.
2. Vispa smör och socker med elvisp tills det blir en fluffig kräm, cirka 3–4 minuter.
3. Rör ner vaniljsocker och espressopulver.
4. Tillsätt äggen ett i taget och vispa ordentligt efter varje ägg.
5. Häll i mjölblandningen lite i taget och avsluta med chokladbitarna. Blanda väl.
6. Låt stå i kylen i cirka 1 timme.
7. Sätt ugnen på 175° och låt den bli varm.
8. Lägg bakplåtspapper på två plåtar och lägg sedan smeten på plåtarna med hjälp av en glasskopa. Lämna utrymme mellan kakorna, de flyter ut när de gräddas.
9. Grädda i cirka 12 minuter. Låt kakorna svalna en stund på plåten innan du lägger dem på ett galler.

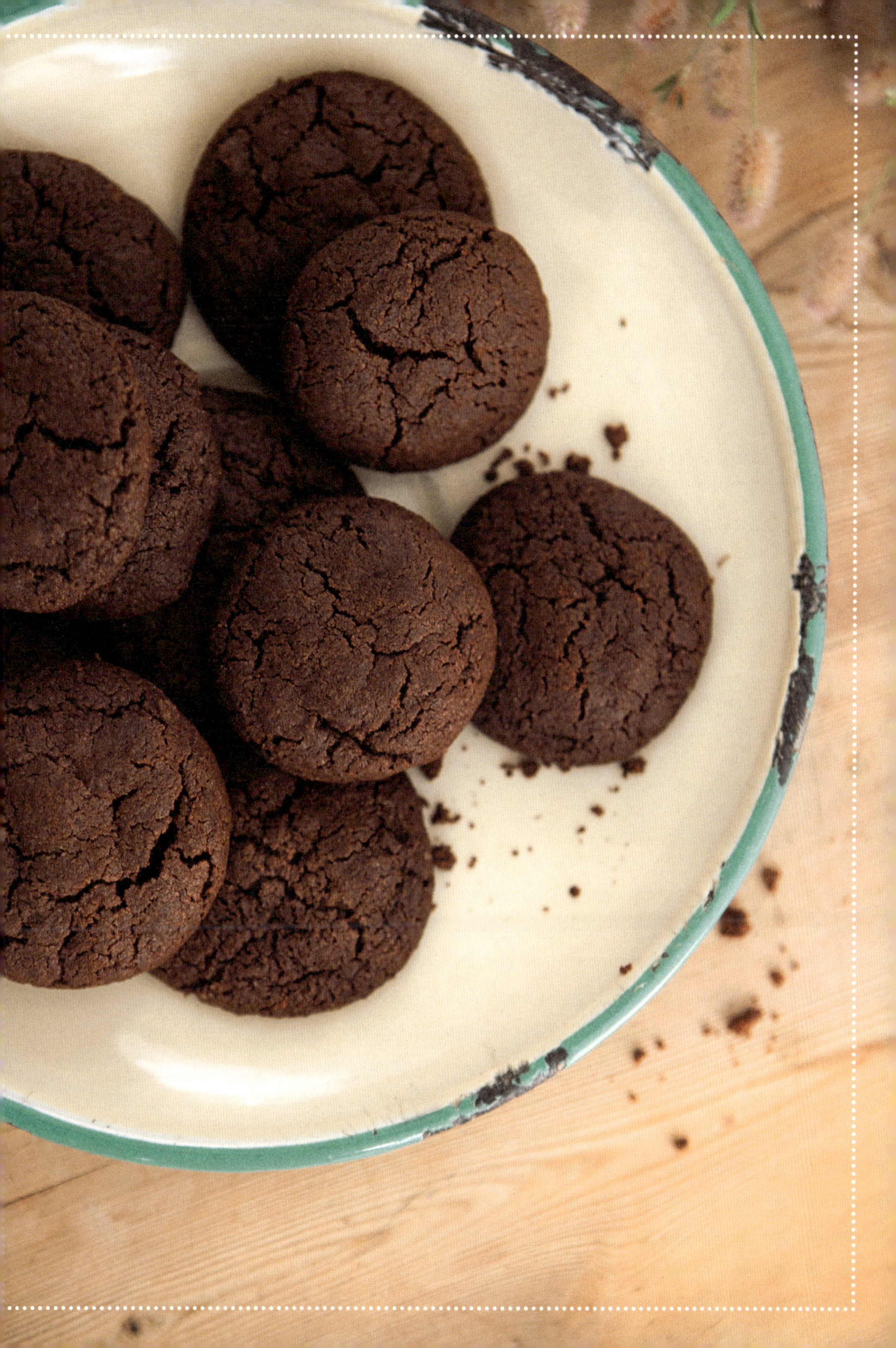

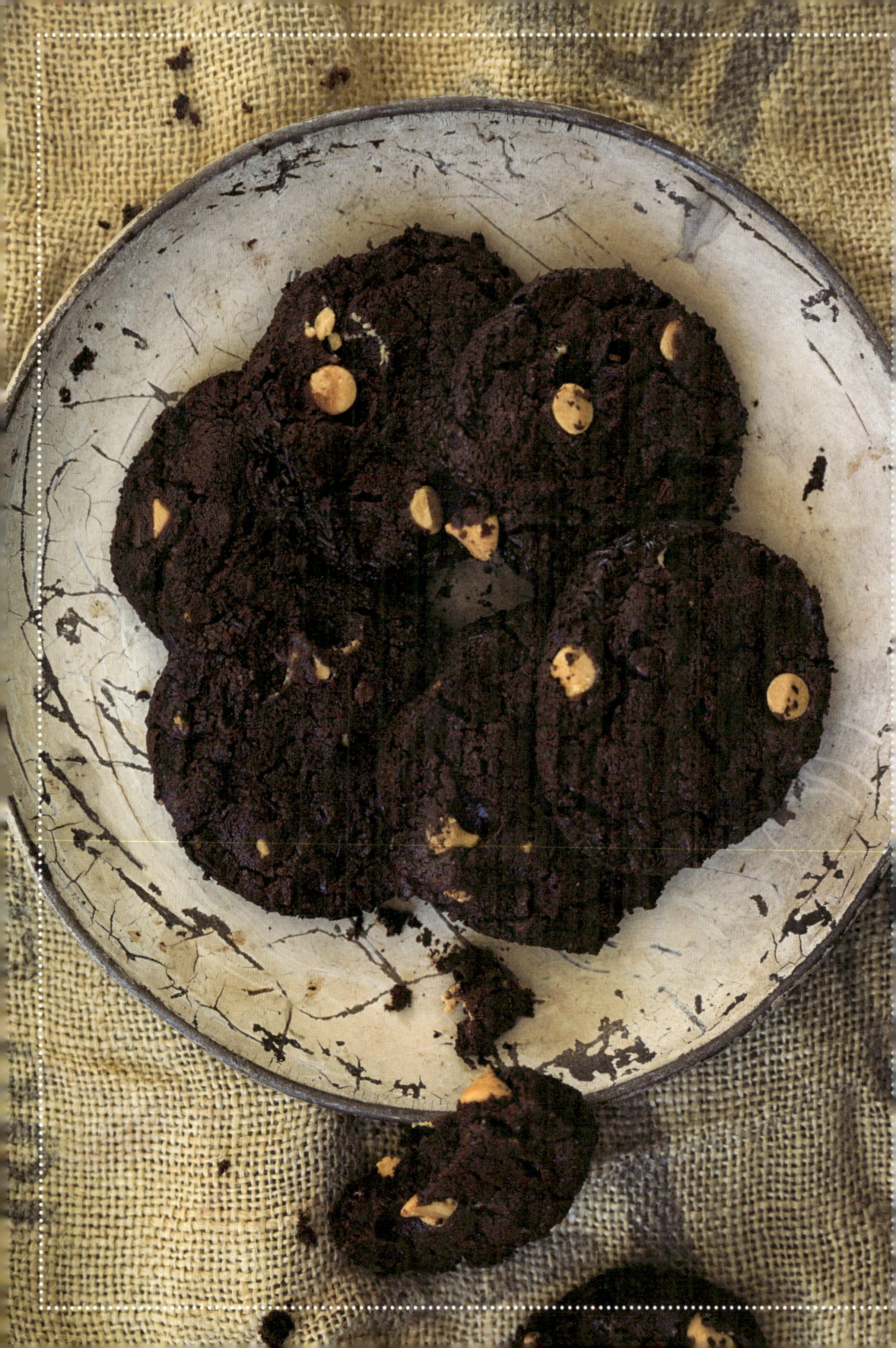

PEANUT AND CHOCOLATE CHIP COOKIES
cirka 24 kakor

Små Reese's jordnötsknoppar kan vara svåra att hitta i butik, men du kan beställa dem på nätet. Det går också bra att ta 4 msk jordnötssmör istället.

3 ⅓ DL VETEMJÖL
1 DL KAKAO
1 TSK BAKPULVER
1 TSK HAVSSALT
200 G SMÖR, RUMSVARMT
1 DL RÖRSOCKER
1 DL STRÖSOCKER
1 TSK VANILJSOCKER
2 TSK ESPRESSOPULVER
2 ÄGG
1 ½ DL CHOCOLATE CHIPS ELLER FINHACKAD MÖRK CHOKLAD
1 ½ DL JORDNÖTSKNOPPAR ELLER 4 MSK JORDNÖTSSMÖR – TA DÅ BORT 50 G AV SMÖRET

1. Blanda mjöl, kakao, bakpulver och salt i en bunke.
2. Vispa smör och socker med elvisp tills det blir en fluffig kräm, cirka 3–4 minuter.
3. Rör ner vaniljsocker och espressopulver.
4. Tillsätt äggen ett i taget och vispa ordentligt efter varje ägg.
5. Häll i mjölblandningen lite i taget och avsluta med chokladbitar och jordnötsknoppar. Blanda väl.
6. Låt stå i kylen i cirka 1 timme.
7. Sätt ugnen på 175° och låt den bli varm.
8. Lägg bakplåtspapper på två plåtar och lägg sedan smeten på plåtarna med hjälp av en glasskopa. Lämna utrymme mellan kakorna, de flyter ut när de gräddas.
9. Grädda i cirka 12 minuter. Låt kakorna svalna en stund på plåten innan du lägger dem på ett galler.

EARL GREY-MACARONER
cirka 30 dubbla kakor

Den här underbart delikata marängkakan är ett fantastiskt tillskott till ditt sedvanliga afternoon tea, tillsammans med scones och en stor kopp te.

MACARONER:
- 150 G STRÖSOCKER
- ½ DL VATTEN
- 120 G ÄGGVITA
- 35 G STRÖSOCKER
- 150 G MANDELMJÖL (RÄKNA MED MINST 200 G DÅ DEN GROVKORNIGA MANDELN SILAS BORT)
- 150 G FLORSOCKER
- NÅGRA DROPPAR SVART LIVSMEDELSFÄRG

MACARONER:

1. Häll 150 g strösocker och vattnet i en kastrull och koka upp. Koka tills sockerlagen är 118°, kontrollera med en termometer.
2. Vispa under tiden 60 g äggvita i en köksassistent eller med elvisp. Vispa tills äggvitan är vit och fluffig, du ska kunna vända upp och ner på bunken utan att äggvitan åker ur.
3. Tillsätt 35 g strösocker och vispa tills äggvitan blir glansig.
4. När sockerlagen blivit 118°, häll den snabbt över marängen och vispa på hög hastighet tills marängen svalnat.
5. Sikta mandelmjöl i en finmaskig sil så att du får 150 g. Blanda med florsockret och sikta igen.
6. Vänd ner resterande äggvita (60 g) och blanda ordentligt.
7. Droppa i färg, massan ska vara mörkgrå.
8. Vänd försiktigt ner marängen i mandelsmeten. Rör tills massan är jämn och fin.
9. Sätt en rund tyll i en spritspåse och fyll den med smeten.
10. Rita ringar stora som femkronor med några centimeters avstånd på fyra bakplåtspapper.
11. Spritsa försiktigt ut smeten i ringarna. Låt kakorna vila i cirka 1 timme så ytan torkar, det förhindrar dem från att spricka.
12. Sätt ugnen på 160° och låt den bli varm.
13. Grädda i cirka 10 minuter. Låt kakorna ligga en stund på plåten innan de läggs på ett galler (med bakplåtspappret) för att svalna helt.

FORTSÄTTNING PÅ NÄSTA SIDA

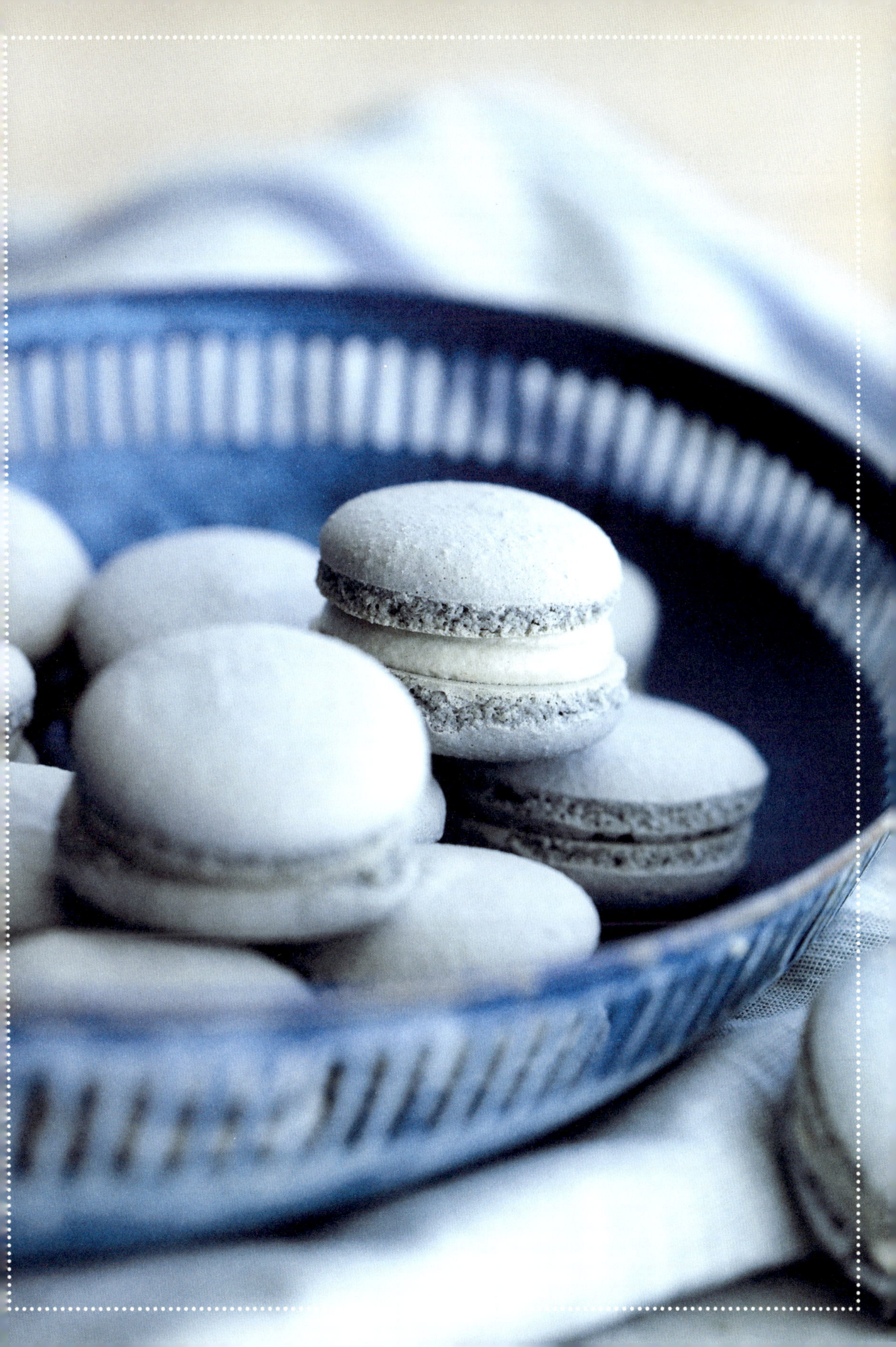

FORTSÄTTNING FRÅN FÖRRA SIDAN

FYLLNING:
¾ DL VISPGRÄDDE
TEET FRÅN
   1 EARL GREY-PORTIONSPÅSE
1 DL STRÖSOCKER
2 MSK VATTEN
1 MSK SMÖR, RUMSVARMT
2 TSK HAVSSALT
ELLER EFTER SMAK

FYLLNING:
1. Värm grädde och te i en kastrull tills grädden har en varm ton. Sila bort tebladen.
2. Blanda socker och vatten i en annan kastrull och koka tills blandningen blivit gyllenbrun. Var försiktig så att blandningen inte bränns.
3. Häll sockerblandningen i grädden och rör om. Rör ner smör och salt. Låt blandningen svalna.
4. Spritsa fyllningen på hälften av macaronernas bottnar och sätt ihop med en passande macaron. Låt kakorna ligga i kylen i en burk med tättslutande lock innan de äts, några timmar eller över natten blir bra.

ROSENKAKOR
30–40 kakor

Mer rosor åt folket! Rossmaken känns spännande och passar så bra i de små mördegskakorna. Rosessens hittar du i bakbutiker på nätet.

5 DL VETEMJÖL
1 DL POTATISMJÖL
2 ½ DL FLORSOCKER
230 G SMÖR,
    KALLT OCH I KUBER
1 TSK VANILJSOCKER
1 MSK ROSESSENS
1 MSK CITRONZEST
RÖD LIVSMEDELSFÄRG

1. Lägg vetemjöl, potatismjöl, florsocker, smör och vaniljsocker i en matberedare och mixa ihop till fina smulor. Har du ingen maskin kan du knåda ihop det för hand.
2. Tillsätt rosessens och citronzest. Droppa i färg lite i taget och mixa till en smulig deg. Degen ska vara rosa.
3. Knåda snabbt ihop till en jämn deg.
4. Forma till en rulle, plasta in och låt ligga i kylen i cirka 30 minuter.
5. Sätt ugnen på 175° och låt den bli varm.
6. Skär cirka 1 centimeter tjocka skivor av degen och lägg på plåtar med bakplåtspapper.
7. Grädda i cirka 10–12 minuter. Låt svalna.

SE BILD PÅ SIDAN 22

SMÖRKAKOR MED CITRON OCH VALLMOFRÖN

cirka 35 kakor

Ljuvligt krispiga småkakor. Skiva dem så tunt som möjligt, de blir godast då.

200 G VIT CHOKLAD
100 G SMÖR, RUMSVARMT
1 DL STRÖSOCKER
1 MSK CITRONZEST
1 ÄGG
5 DL VETEMJÖL
2 TSK BAKPULVER
1 MSK VALLMOFRÖN

1. Smält chokladen i en skål över sjudande vattenbad.
2. Vispa smör, socker och citronzest med elvisp tills blandningen är vit och fluffig.
3. Häll ner chokladen och vispa väl. Vispa ner ägget.
4. Vänd försiktigt ner mjöl, bakpulver och vallmofrön.
5. Arbeta smeten med händerna tills den känns jämn och fin.
6. Forma till en rulle, plasta in och låt ligga i kylen tills den är kall, minst 30 minuter.
7. Sätt ugnen på 180° och låt den bli varm.
8. Skär cirka 1 centimeter tjocka skivor av degrullen och lägg på plåtar med bakplåtspapper.
9. Grädda i mitten av ugnen tills kanterna börjar få färg, cirka 10–12 minuter. Låt svalna.

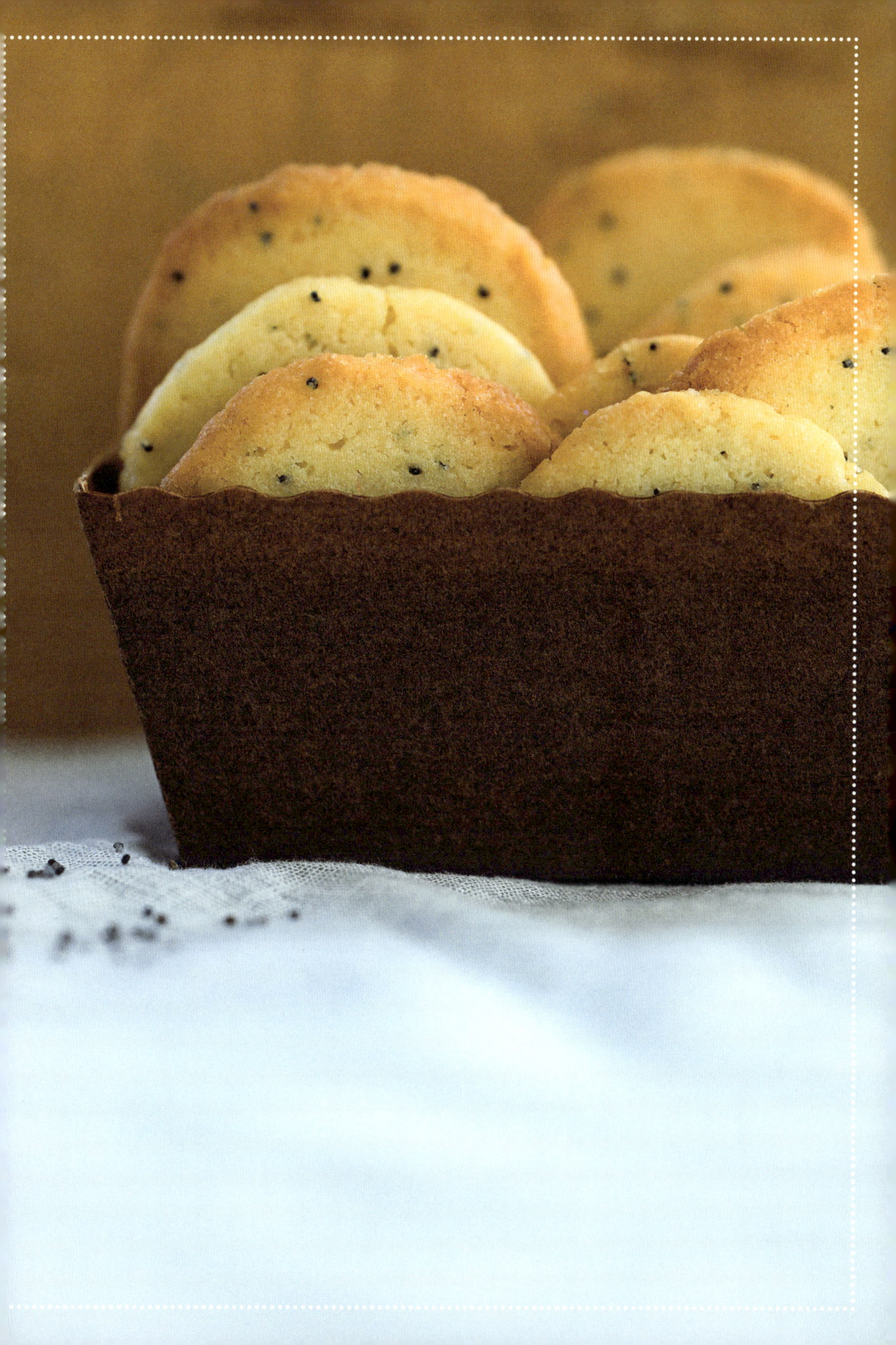

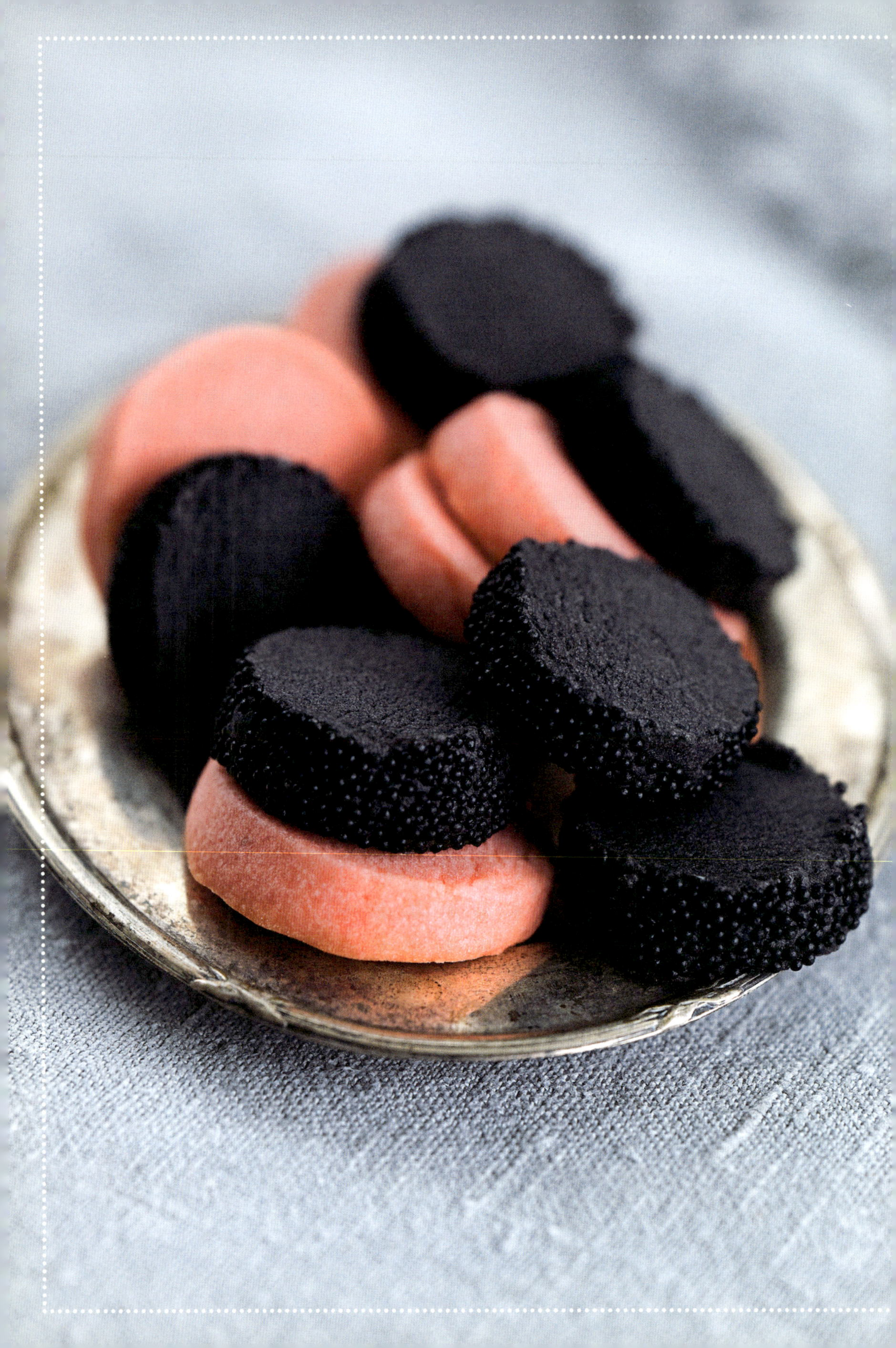

LAKRITSKAKOR
30–40 kakor

De här små kakorna ser ut som ishockeypuckar med strössel på. Det är inte nödvändigt att färga dem svarta, men de ser roligare ut så!

5 DL VETEMJÖL
1 DL POTATISMJÖL
230 G SMÖR,
    KALLT OCH I KUBER
2 ½ DL FLORSOCKER
1 TSK VANILJSOCKER
1 MSK LAKRITSPULVER
    ELLER MYCKET FINT
    KROSSAD TURKISK PEPPAR
SVART LIVSMEDELSFÄRG
SVART STRÖSSEL
    (KAN UTESLUTAS)

1. Lägg vetemjöl, potatismjöl, smör, florsocker och vaniljsocker i en matberedare och mixa till fina smulor. Har du ingen maskin kan du knåda ihop det för hand.
2. Tillsätt lakritspulvret. Droppa i svart färg lite i taget och mixa till en smulig deg. Degen ska vara svart.
3. Knåda snabbt ihop till en jämn deg och forma den till en rulle.
4. Häll ut strössel på arbetsbordet och rulla degen i strösslet tills den är helt täckt.
5. Plasta in och låt ligga i kylen i cirka 30 minuter.
6. Sätt ugnen på 175° och låt den bli varm.
7. Skär cirka 1 centimeter tjocka skivor av degrullen och lägg på plåtar med bakplåtspapper.
8. Grädda cirka 10–12 minuter. Låt svalna.

RECEPT PÅ ROSENKAKOR, SE SIDAN 19

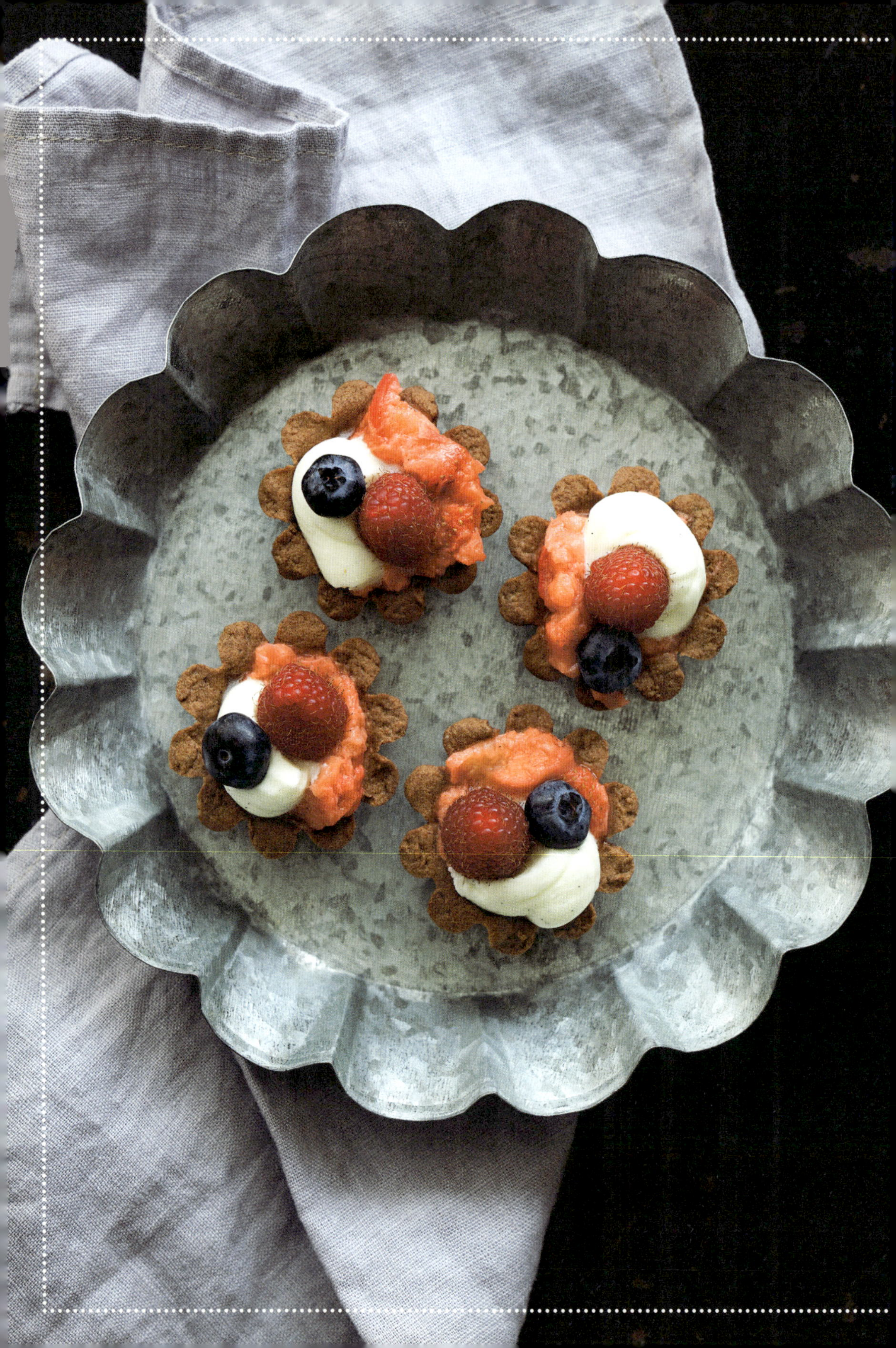

TARTELETTER MED MASCARPONEKRÄM OCH RABARBERKOMPOTT

cirka 12 tarteletter

Briocheformar är en bra investering för den som vill pimpa efterrätten en aning! Rabarberkompott tillsammans med en kardemummakryddad mascarponekräm blir en total smakexplosion i de söta små tarteletterna. Njut!

TARTELETTER:
- 50 G SMÖR
- 1 ½ DL VETEMJÖL
- 1 ÄGGULA
- ¼ DL FLORSOCKER
- ¼ DL KAKAO
- 1 NYPA SALT

RABARBERKOMPOTT:
- 2 STÄNGER RABARBER
- 2 DL KONCENTRERAD FLÄDERBLOMSSAFT
- 1 TSK VANILJSOCKER

MASCARPONEKRÄM:
- 2 ½ DL VISPGRÄDDE
- 250 G MASCARPONE
- ½ DL FLORSOCKER
- ½ TSK MALEN KARDEMUMMA

GARNERING:
- FÄRSKA BÄR

TARTELETTER:
1. Sätt ugnen på 225°.
2. Skär smöret i kuber och mixa mjöl och smör till en smulig massa i en matberedare.
3. Tillsätt äggulan och mixa till en smidig deg. Tillsätt florsocker, kakao och salt och låt allt blandas väl.
4. Tryck ut degen tunt i briocheformarna och grädda i cirka 10 minuter.
5. Låt tarteletterna svalna helt. Vänd dem upp och ner och knacka försiktigt på formarna med till exempel en kniv så att tarteletterna lossnar.

RABARBERKOMPOTT:
1. Skala och finhacka rabarbern, lägg den sedan i en liten tjockbottnad kastrull.
2. Tillsätt saft och vaniljsocker och låt koka upp.
3. Sänk värmen och låt kompotten puttra i cirka 10–15 minuter.
4. Ta kompotten från värmen och låt svalna.

MASCARPONEKRÄM:
1. Vispa grädden.
2. Vispa ihop mascarpone, florsocker och kardemumma.
3. Vänd ner grädden försiktigt till en jämn och fin kräm.

VID SERVERING:
Lägg kompott i tarteletterna och toppa med mascarponekrämen. Garnera med färska bär.

RED VELVET-KAKOR
cirka 10 dubbla kakor

De här kakorna lockar fram barnet i mig! Barnsliga röda kakor från USA:s sydstater.

KAKOR:
- 100 G SMÖR, RUMSVARMT
- 3 DL STRÖSOCKER
- 1 ÄGG
- 1 TSK VANILJPULVER
- 1 FLASKA RÖD LIVSMEDELSFÄRG (30 ML)
- 3 DL VETEMJÖL
- 4 MSK KAKAO
- 2 TSK BAKPULVER
- ½ TSK SALT

FÄRSKOSTFROSTING:
- 300 G FÄRSKOST, RUMSVARM
- 150 G SMÖR, RUMSVARMT
- 3 DL FLORSOCKER
- ½ CITRON, ZEST

KAKOR:
1. Sätt ugnen på 190°.
2. Vispa smör och socker med elvisp tills det blir vitt och fluffigt.
3. Vispa ner ägget.
4. Rör ner vaniljpulver och färg.
5. Blanda mjöl, kakao, bakpulver och salt i en separat skål. Rör ner i äggblandningen.
6. Använd en glasskopa och klicka ut smeten på två plåtar med bakplåtspapper. Se till att ha utrymme mellan kakorna eftersom de flyter ut när de gräddas.
7. Grädda tills kakorna börjar få lite färg, cirka 15–17 minuter, men de ska fortfarande vara väldigt mjuka. Låt svalna på plåten.

FÄRSKOSTFROSTING:
1. Vispa färskost och smör ett par minuter med elvisp.
2. Tillsätt florsockret och vispa ytterligare några minuter tills frostingen är fluffig och fin.
3. Rör ner citronzesten.
4. Sätt ihop kakorna två och två med fyllning emellan, botten mot botten.

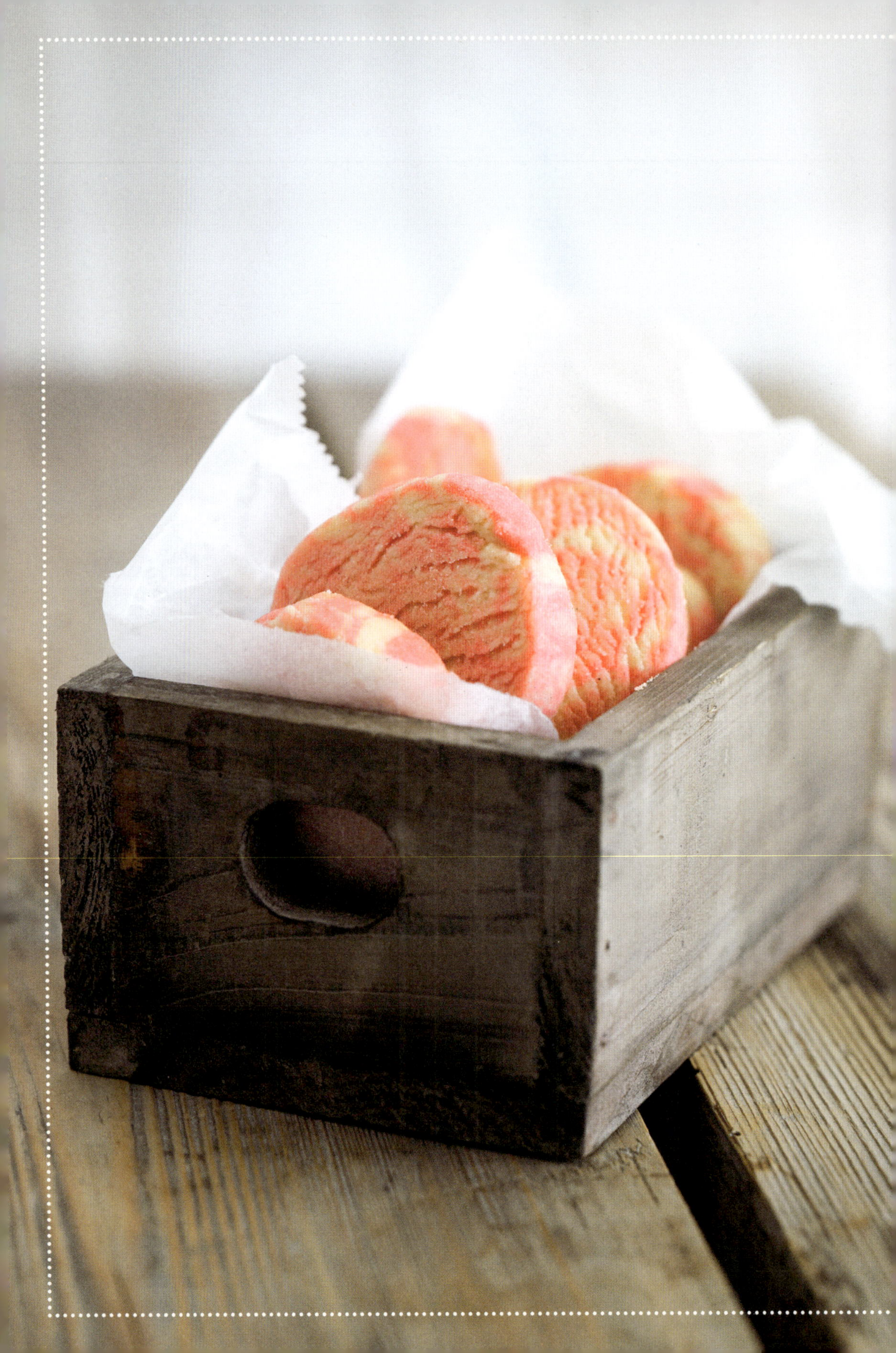

SMULTRONKAKOR
30–40 kakor

Mördegskakor som smaksätts med smultronessens. Smultronessens hittar du i bakbutiker på nätet, alternativt kan du reducera saft och smaksätta med den. Ta isåfall 1 dl koncentrerad smultron- eller jordgubbssaft och koka tills det återstår 2 msk.

5 DL VETEMJÖL
1 DL POTATISMJÖL
2 ½ DL FLORSOCKER
230 G SMÖR, KALLT OCH I KUBER
1 TSK VANILJSOCKER
1 MSK SMULTRONESSENS ELLER 2 MSK REDUCERAD SAFT
RÖD LIVSMEDELSFÄRG
1 CITRON, ZEST
1 MSK PRESSAD CITRONSAFT

1. Lägg vetemjöl, potatismjöl, florsocker, smör och vaniljsocker i en matberedare och mixa till fina smulor. Har du ingen maskin kan du knåda ihop det för hand.
2. Lägg hälften av degen åt sidan.
3. Häll smultronessens samt några droppar röd livsmedelsfärg i degen som ligger i bunken och mixa till en smulig deg. Knåda snabbt ihop till en jämn deg för hand.
4. I andra halvan rör du ner citronzest och citronsaft, knåda till en smulig deg.
5. Blanda ihop degarna tills det blivit ett fint marmorliknande mönster.
6. Forma degen till en rulle, plasta in och låt ligga i kylen i cirka 30 minuter.
7. Sätt ugnen på 175° och låt den bli varm.
8. Skär cirka 1 centimeter tjocka skivor av degrullen och lägg på plåtar med bakplåtspapper.
9. Grädda i cirka 10 minuter tills de börjar få lite färg. Låt svalna.

Glass, parfait & mousse

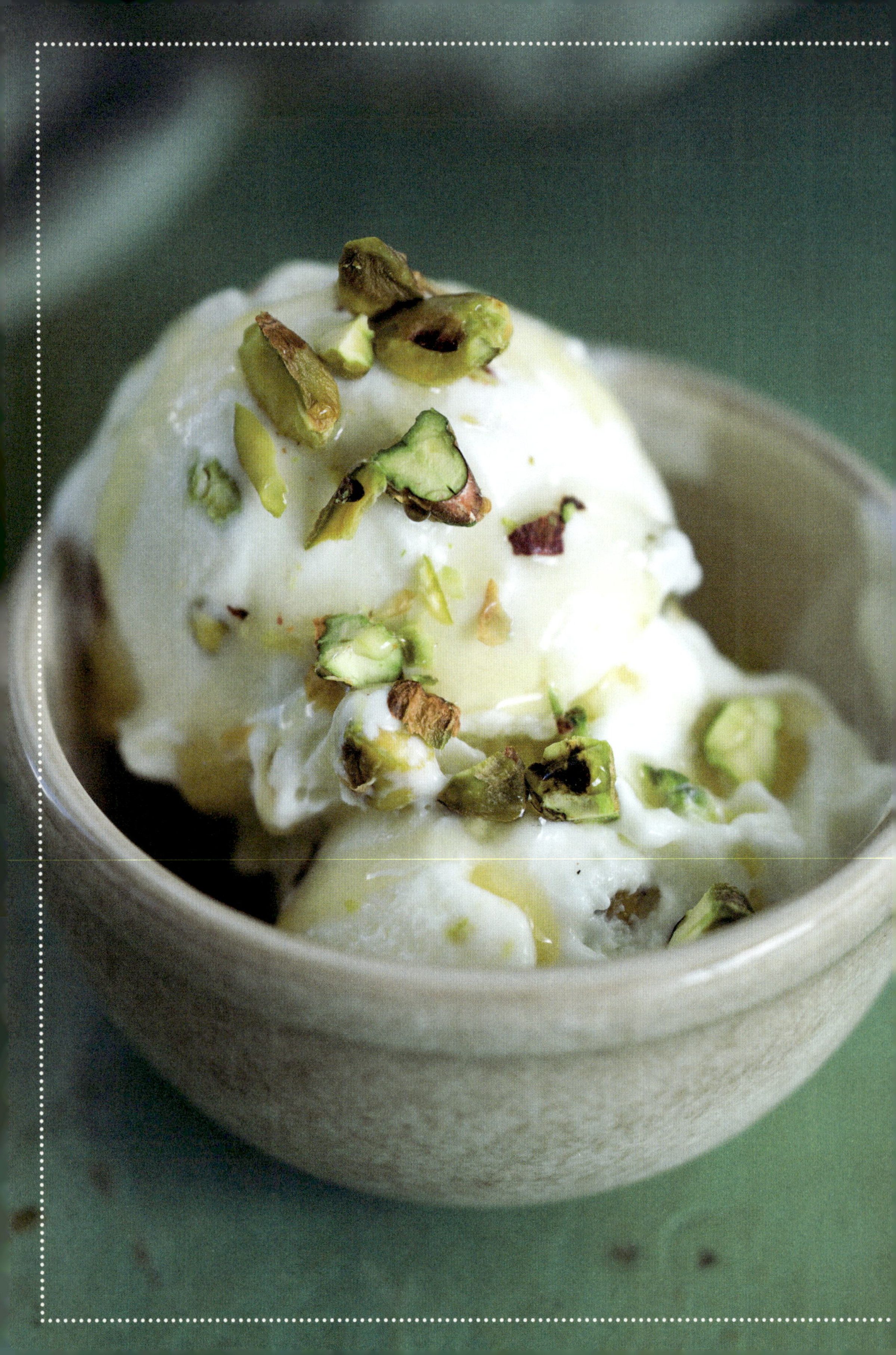

YOGHURTGLASS MED PISTAGENÖTTER OCH HONUNG
4 portioner

Den här glassen går snabbt att vispa ihop och den behöver bara stå i frysen ett par timmar. Syrligt, knaprigt och sött på samma gång!

5 DL GREKISK YOGHURT
1 DL FLORSOCKER
1 MSK FLYTANDE HONUNG
 + TILL GARNERING
2 DL GROVHACKADE
 PISTAGENÖTTER
 + TILL GARNERING

1. Vispa ihop yoghurt och florsocker med elvisp.
2. Rör ner honung och nötter.
3. Häll blandningen i en frystålig form, cirka 20 centimeter i diameter, och låt stå i frysen cirka 2 timmar.
4. Ta ut glassen cirka 20 minuter före servering. Ringla lite honung och strössla resterande nötter över glassen.

VANILJGLASS
8–10 portioner

Så enkelt, så gott! Alla älskar vaniljglass och här är ett enkelt recept. Servera med varm paj eller dina favoritbär på sommaren.

3 VANILJSTÄNGER
5 ½ DL VISPGRÄDDE
5 DL STANDARDMJÖLK
12 ÄGGULOR
2 ½ DL STRÖSOCKER

1. Dela vaniljstängerna på längden och skrapa ur fröna.
2. Koka upp grädde och mjölk med stänger och frön, låt sedan stå och dra i cirka 15 minuter.
3. Vispa under tiden äggulor och socker lätt och rör sedan ner äggblandningen i gräddkoket.
4. Värm blandningen under omrörning till 85°. Den ska inte börja koka. Låt svalna.
5. Sila den svala blandningen och kör i glassmaskin tills den börjar frysa. Häll massan i en valfri frystålig bägare eller form och frys in.

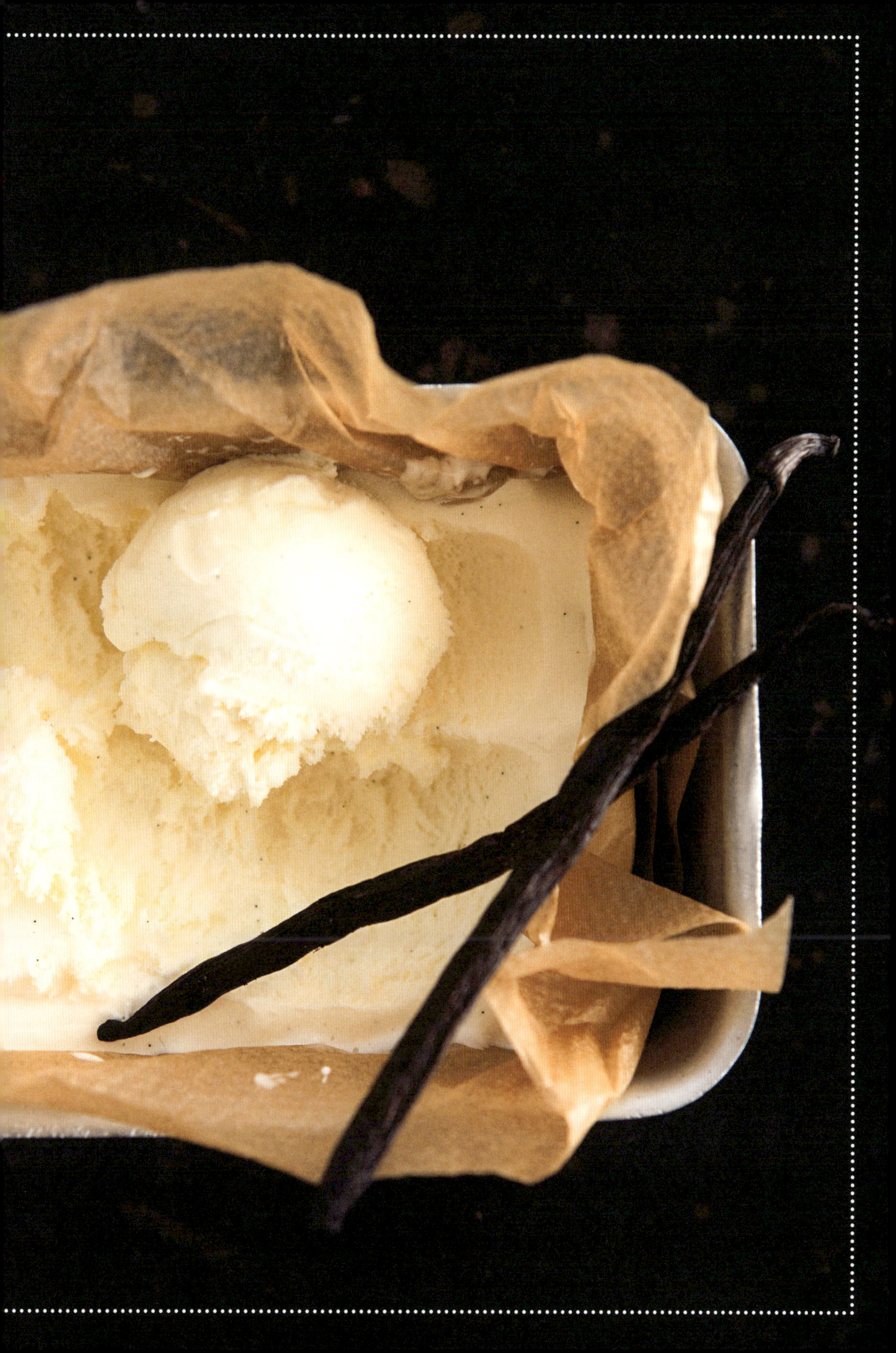

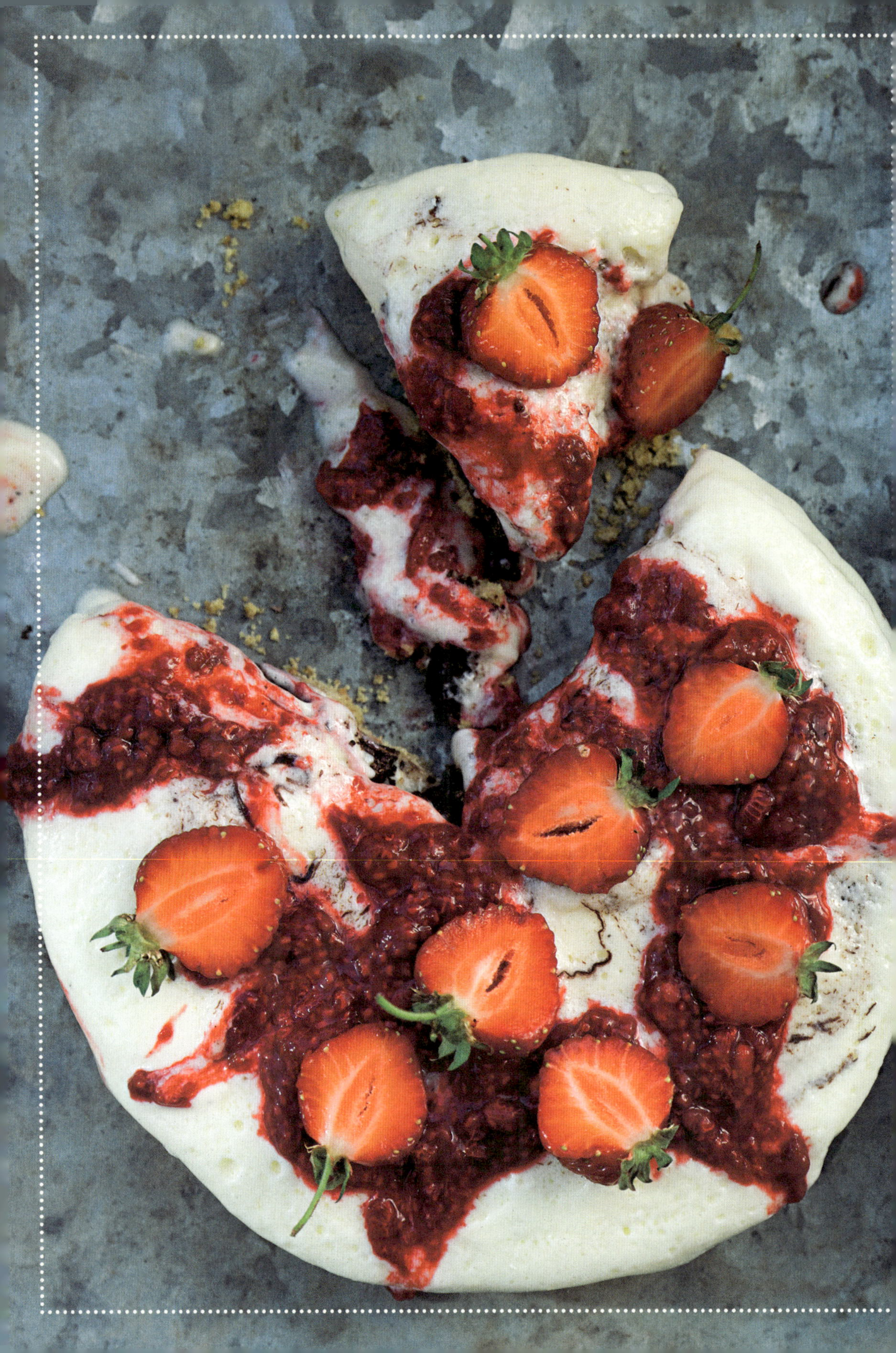

HALVFRYST CHEESECAKE MED HALLON OCH JORDGUBBAR
6–8 bitar

Den här cheesecaken ska serveras halvfryst, den är både godast och finast så.

BOTTEN:
- 18 BRETONKEX
- 70 G SMÖR
- 1 MSK LJUS SIRAP

FYLLNING:
- 3 ÄGG, SEPARERADE
- 2 DL STRÖSOCKER
- ½ TSK VANILJPULVER
- ½ KRM SALT
- 200 G FÄRSKOST
- 3 DL VISPGRÄDDE
- 3 DL GANACHE, SE RECEPT PÅ SIDAN 148

GARNERING:
- 2 ASKAR FÄRSKA HALLON
- STRÖSOCKER
- FÄRSKA JORDGUBBAR

1. Finfördela kexen, gärna i mixer.
2. Smält smöret och blanda kex, smör och sirap.
3. Tryck ut smuldegen i bottnen på en springform som är cirka 24–26 centimeter i diameter.
4. Vispa äggulor, socker, vaniljpulver och salt vitt och poröst med en elvisp.
5. Tillsätt färskosten och vispa ytterligare någon minut.
6. Vispa äggvitorna till ett hårt skum i en ren och torr bunke.
7. Vispa grädden och vänd ner i färskostsmeten. Vänd sist ner äggviteskummet.
8. Bred ut lite av färskostsmeten på kakbottnen och spritsa på ett lager med ganache. Gör likadant två gånger till.
9. Låt cheesecaken stå i frysen i cirka 3 timmar, den ska vara halvfryst vid servering.
10. Rör hälften av hallonen med några nypor socker tills sockret lösts upp.
11. Häll hallonen över kakan före servering. Dekorera med resten av hallonen och skivade jordgubbar.

BLÅBÄRSGLASS
8–10 portioner

Den här glassen är gjord utan glassmaskin. Skippar man maskinen är det viktigt att man rör i glassen varje halvtimme för att få en bra och jämn smak i glassen.

5 ÄGGULOR
1 ½ DL STRÖSOCKER
1 VANILJSTÅNG
3 ½ DL VISPGRÄDDE
2 DL FÄRSKA ELLER TINADE BLÅBÄR

1. Vispa äggulor och socker tills det blir poröst.
2. Dela vaniljstången på längden, skrapa ur fröna och blanda ner dem i ägg- och sockerblandningen.
3. Vispa grädden så den blir fast och vänd sedan ner den i äggblandningen.
4. Vänd ner blåbären och rör till en jämn smet.
5. Häll upp i en frystålig form, gärna med lock, och låt stå i frysen minst 3 timmar. Rör om en gång i halvtimmen tills glassblandningen börjar bli fryst.
6. Ta fram glassen cirka 20 minuter före servering.

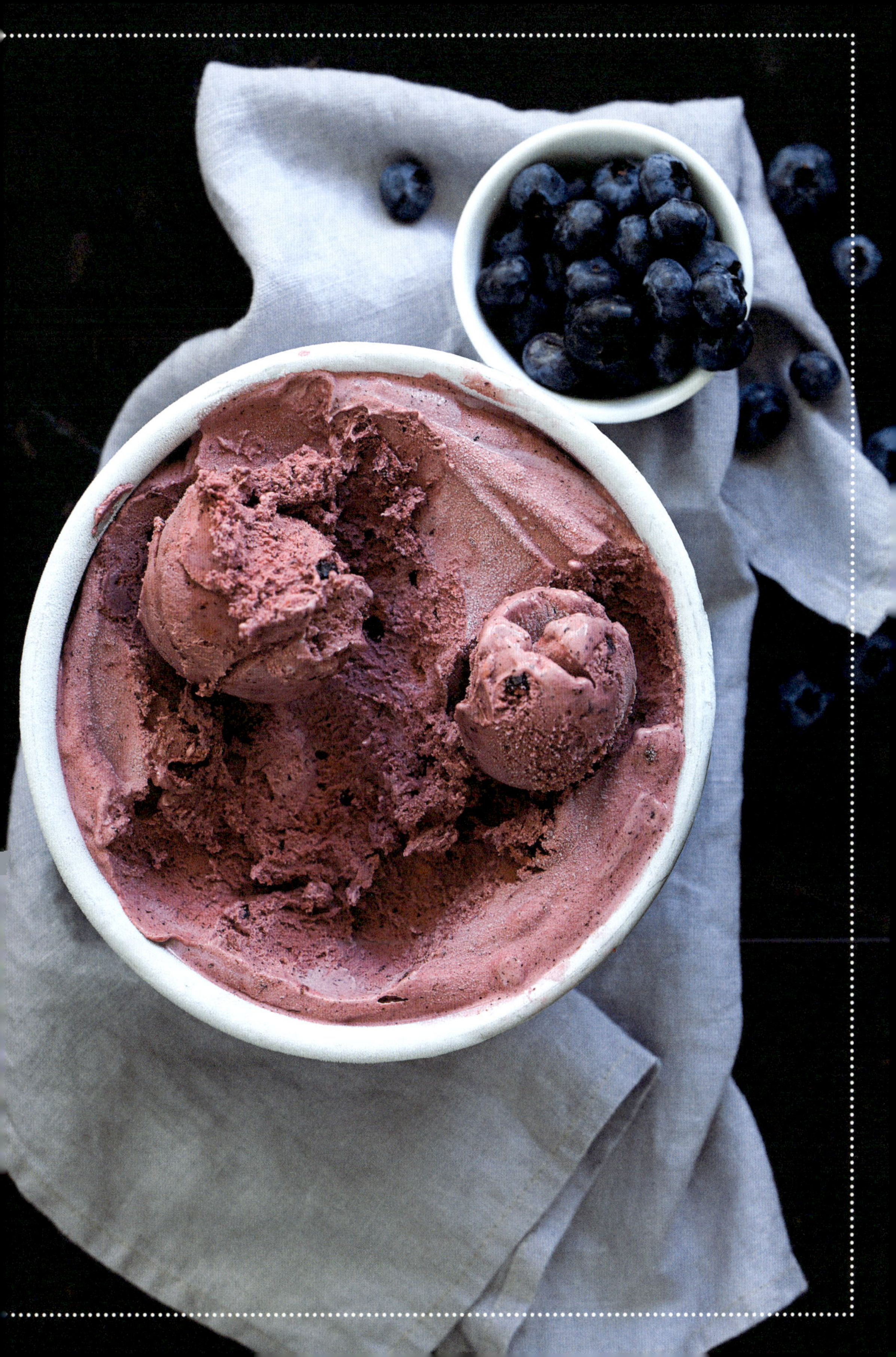

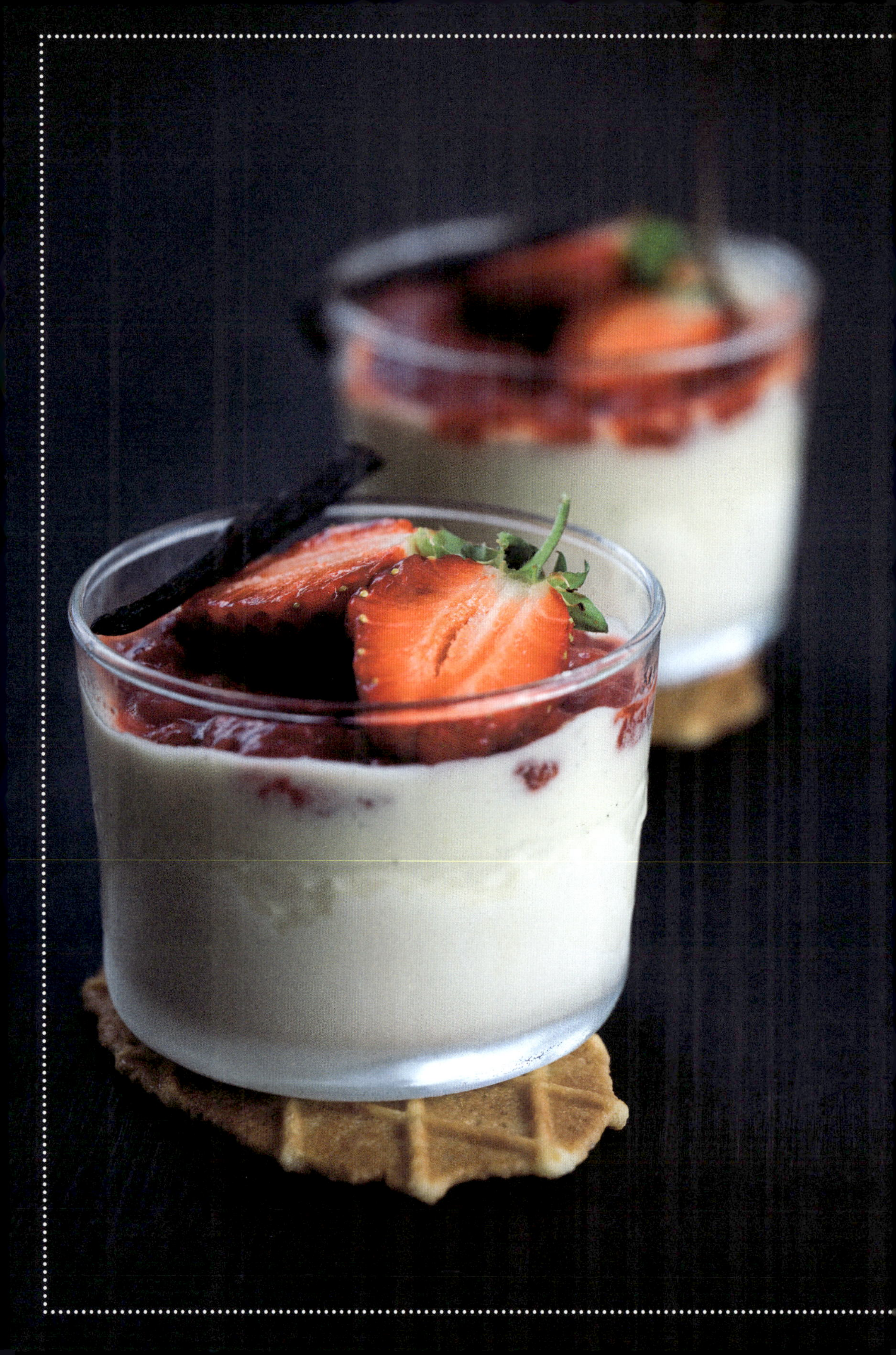

VANILJPARFAIT MED JORDGUBBS- OCH RABARBERKOMPOTT
cirka 4 portioner

Vaniljparfait som jag här serverar i portionsglas. Jordgubbs- och rabarberkompottens syrlighet passar underbart bra med den lena parfaiten … Servera gärna med små våffelkakor!

PARFAIT:
- 3 ÄGGULOR
- ½ DL STRÖSOCKER
- 1 VANILJSTÅNG
- 2 DL VISPGRÄDDE

KOMPOTT:
- 300 G FÄRSK ELLER TINAD RABARBER
- 300 G FÄRSKA ELLER TINADE JORDGUBBAR
- 3 DL KONCENTRERAD FLÄDERBLOMSSAFT
- 3 TSK FÄRSKRIVEN INGEFÄRA

GARNERING:
- 4 FÄRSKA JORDGUBBAR

PARFAIT:
1. Vispa äggulor och socker riktigt pösigt.
2. Dela vaniljstången på längden, skrapa ur fröna och blanda ner dem i ägg- och sockerblandningen.
3. Vispa grädden i en annan skål och vänd ner den i äggvispet.
4. Häll upp i fyra fryståliga glas eller burkar.
5. Låt stå i frys minst 4 timmar.

KOMPOTT:
1. Skala rabarbern. Skiva rabarber och jordgubbar fint och lägg i en liten tjockbottnad kastrull.
2. Häll över saften och låt koka upp.
3. Tillsätt ingefäran och sänk värmen. Låt kompotten puttra i cirka 10–15 minuter.
4. Ta kastrullen från värmen och låt kompotten svalna. Blir det mycket vätska kvar kan du sila bort den.

VID SERVERING:
Ta fram burkarna en liten stund före servering och lägg på rabarber- och jordgubbskompotten. Garnera med en delad jordgubbe på varje portion parfait.

TRYFFELCHEESECAKE MED KAFFE OCH CITRON
6–8 bitar

Kaffet och citronen blir helt magiska tillsammans i den här frysta cheesecaken! Servera med pudrad kakao, rostade hasselnötter och en stor sked.

BOTTEN:
8 DIGESTIVEKEX
50 G SMÖR
1 MSK LJUS SIRAP

FYLLNING:
1 MSK STARKT KAFFE
1 MSK PRESSAD CITRONSAFT
EV 1 TSK CITRONZEST
20 G MÖRK CHOKLAD
1 ½ DL STRÖSOCKER
400 G FÄRSKOST
2 DL VISPGRÄDDE

TRYFFEL:
180 G MÖRK CHOKLAD
3 ½ DL VISPGRÄDDE
50 G SMÖR
1 DL FLORSOCKER
½ TSK VANILJPULVER

GARNERING:
KAKAO
ROSTADE HASSELNÖTTER
HAVSSALT

BOTTEN:
1. Finfördela kexen, gärna i mixer.
2. Smält smöret och blanda med kex och sirap.
3. Tryck ut smuldegen i bottnen på en springform som är cirka 24–26 centimeter i diameter.

FYLLNING:
1. Blanda kaffe, citronsaft och eventuellt citronzest.
2. Grovhacka eller mixa chokladen och rör ner i blandningen.
3. Tillsätt socker och färskost, rör eller mixa slätt.
4. Vispa grädden hårt och blanda försiktigt ner den i smeten.
5. Bred ut smeten jämnt i formen och ställ in i frysen.
6. Gör tryffeln medan kakan kallnar.

TRYFFEL:
1. Grovhacka chokladen.
2. Koka upp grädden, lägg i smöret och låt det smälta.
3. Ta kastrullen från plattan och tillsätt choklad och florsocker, vispa tills det blivit en jämn smet. Blanda ner vaniljpulvret.
4. Låt blandningen svalna tills den börjar tjockna men fortfarande går att röra.
5. Ta kakan ur frysen och bred på tryffeln i ett jämnt lager. Ställ in kakan i frysen igen och låt stå över natten.

VID SERVERING:
Lägg kakan på serveringsfat cirka 30 minuter före servering. Pudra över kakao och garnera med nötter och lite salt.

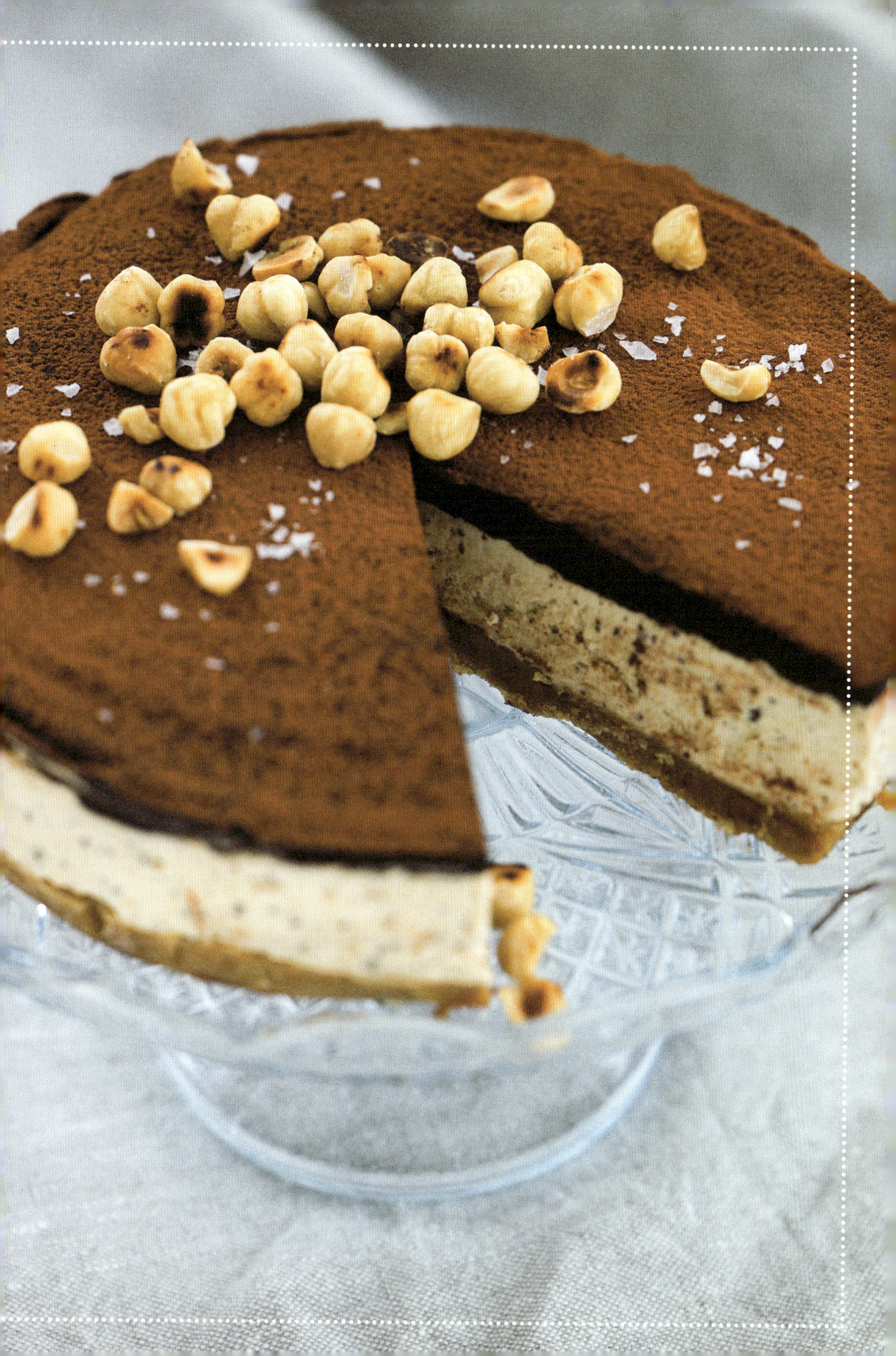

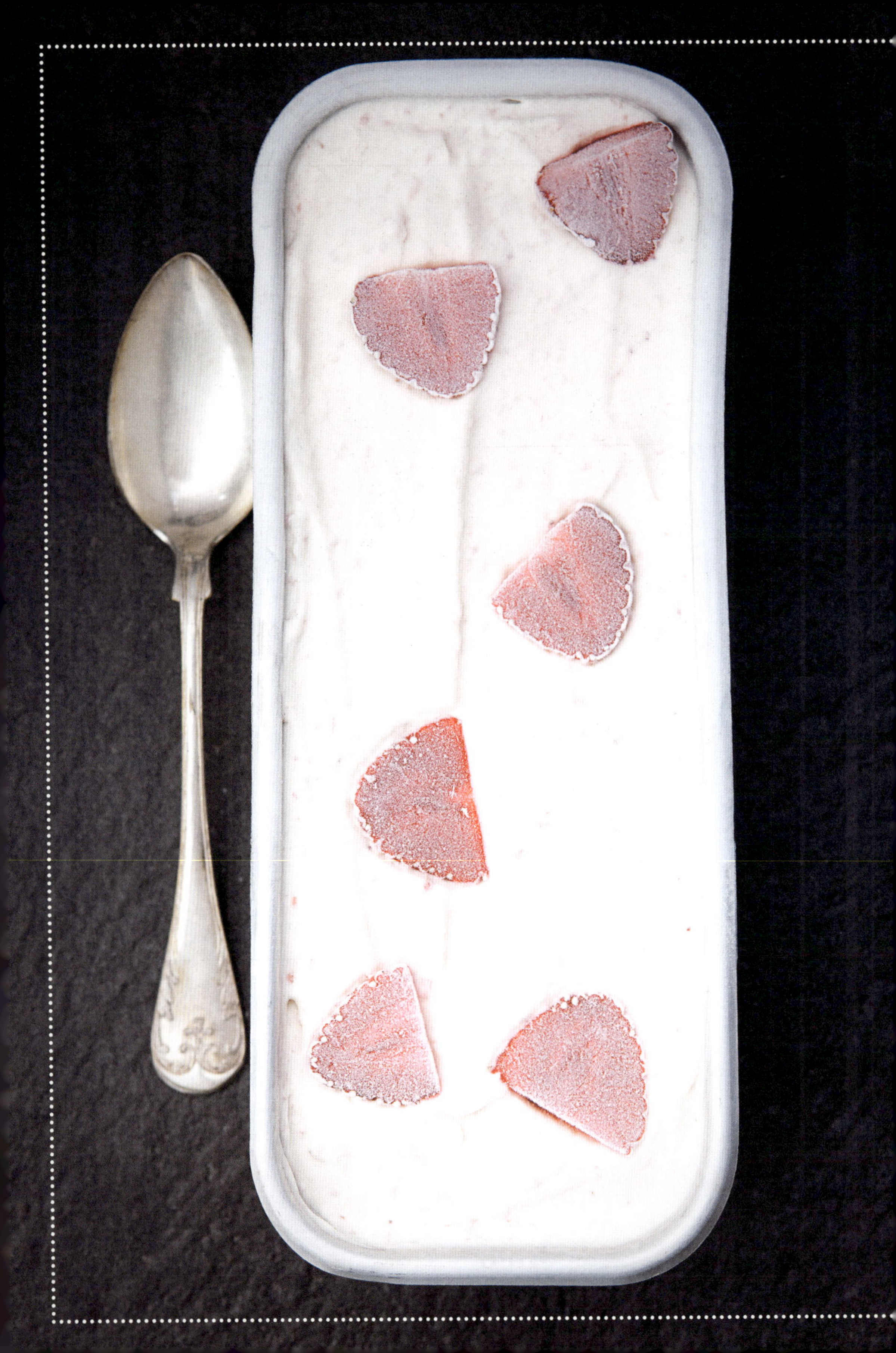

JORDGUBBSGLASS MED KONDENSERAD MJÖLK
6–8 portioner

Servera jordgubbsglassen med massor av färska jordgubbar.

5 DL VISPGRÄDDE
1 BURK KONDENSERAD MJÖLK (400 G)
2 DL JORDGUBBSSYLT
½ TSK VANILJPULVER
NÅGRA FÄRSKA JORDGUBBAR

TILL SERVERING:
FÄRSKA JORDGUBBAR

1. Vispa grädden tills den är fluffig i konsistensen.
2. Tillsätt mjölken.
3. Rör ner jordgubbssylt och vaniljpulver och vispa i några minuter tills smeten känns luftig.
4. Häll glassen i en frystålig form och lägg på skivade jordgubbar.
5. Ställ glassen i frysen. Täck den med plastfolie när den har stelnat och låt den stå i frysen över natten.

NUTELLAGLASSTÅRTA
8–10 portioner

Makalöst god glasstårta som smakar hasselnötskräm. De salta hasselnötterna gör tårtan fullkomligt oemotståndlig, men om du vill ha en slät konsistens går det bra att utesluta nötterna. Uteslut även saltet i såfall!

GLASSTÅRTA:
- 200 G HASSELNÖTTER
- 1 TSK HAVSSALT
- 5 DL VISPGRÄDDE
- 1 BURK KONDENSERAD MJÖLK (400 G)
- 375 G NUTELLA ELLER ANNAN HASSELNÖTSKRÄM

GARNERING:
- BRÄND MANDEL, SE RECEPT PÅ SIDAN 149
- FÄRSKA BÄR, T EX BLÅBÄR OCH BJÖRNBÄR

1. Rosta nötterna i en torr panna. Gnugga bort de tunna bruna skalen med en handduk när nötterna svalnat något och häll över lite havssalt.
2. Vispa grädden. Vänd ner mjölken.
3. Klicka i nutellan lite i taget och rör om tills smeten känns jämn och fin.
4. Vispa tills blandningen är fluffig i konsistensen.
5. Vänd ner nötter och salt.
6. Klipp en rundel av ett bakplåtspapper så det täcker bottnen på en springform som är cirka 20 centimeter i diameter.
7. Häll blandningen i formen och jämna till den med en slickepott.
8. Ställ glassen i frysen. Täck den med plastfolie när den har stelnat och låt stå i frysen över natten.
9. Ställ fram en stund före servering och garnera med bränd mandel och bär.

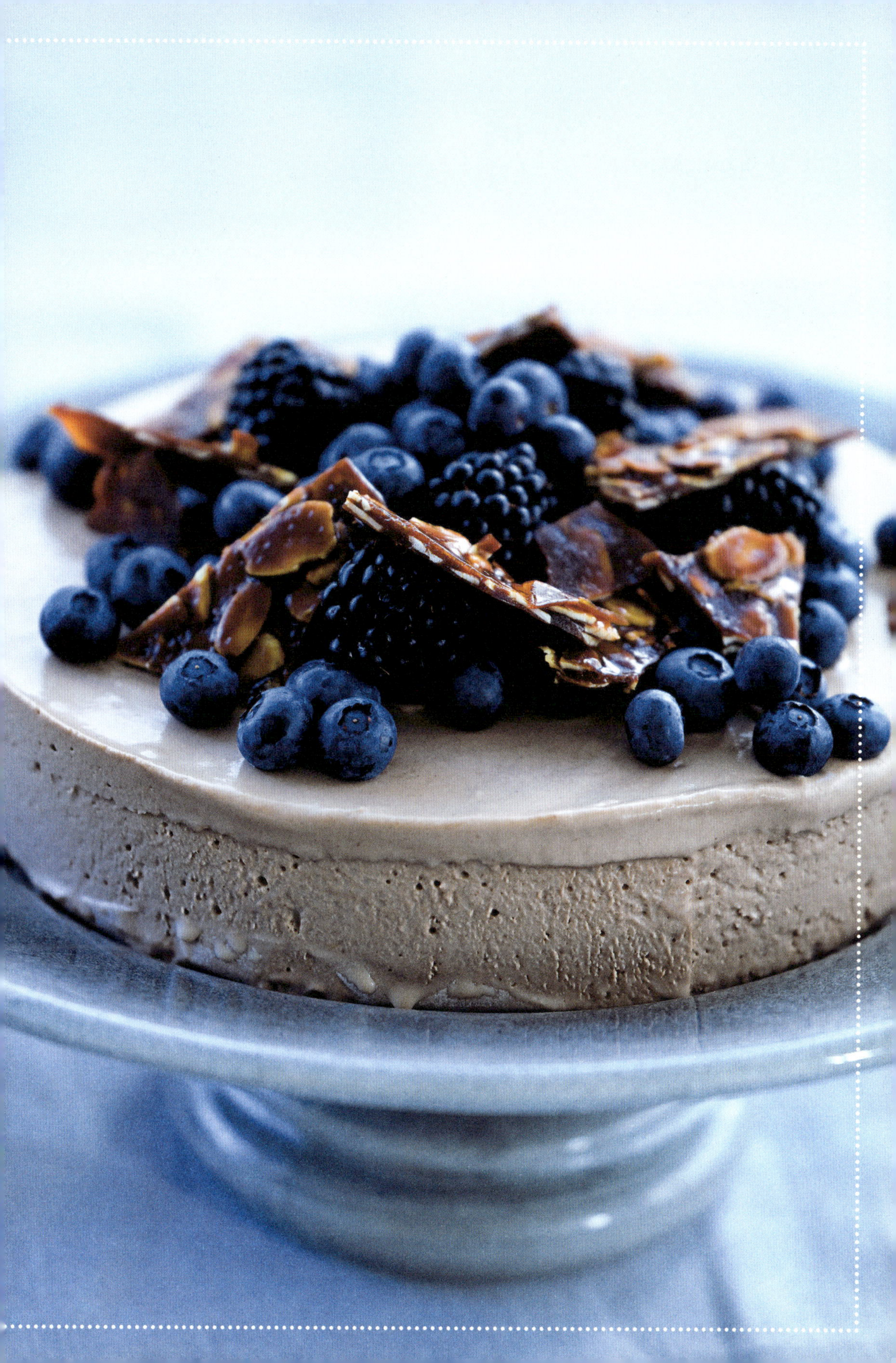

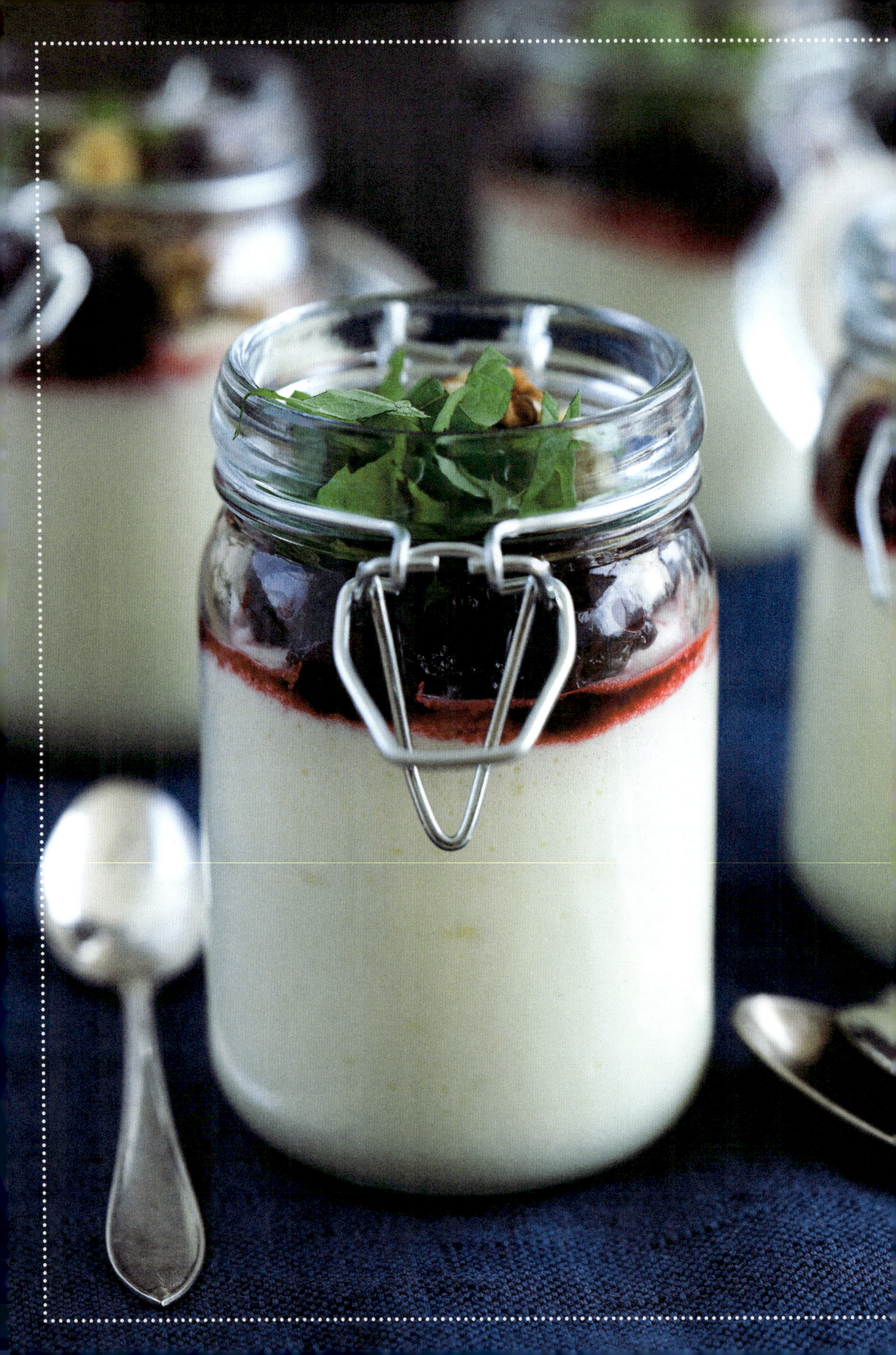

VIT CHOKLADMOUSSE MED BJÖRNBÄRSKOMPOTT
cirka 6 portioner

En period i livet levde jag utan ugn. Jag var under den här tiden väldigt sugen på vit choklad. Av detta sug blev det den här chokladmoussen. Njut av den tillsammans med en klick björnbärskompott, lite hackad mynta och valnötter.

MOUSSE:
- 100 G VIT CHOKLAD
- 2 DL VISPGRÄDDE
- 2 ÄGGVITOR
- 2 TSK PRESSAD CITRONSAFT
- 1 MSK STRÖSOCKER

BJÖRNBÄRSKOMPOTT:
- 300 G FÄRSKA ELLER TINADE BJÖRNBÄR
- 1 DL STRÖSOCKER
- ½ DL VATTEN

GARNERING:
- FÄRSK MYNTA
- VALNÖTTER

MOUSSE:
1. Hacka chokladen fint.
2. Koka upp 1 dl grädde. Ta kastrullen från värmen, tillsätt chokladen och låt den smälta i grädden.
3. Rör tills det blir slätt och låt svalna till rumstemperatur.
4. Vispa resten av grädden, men inte för hårt, och vänd ner i den avsvalnade chokladkrämen.
5. Vispa vitorna med citronsaft till ett tjockt skum.
6. Tillsätt sockret lite i taget och vispa till en fast maräng.
7. Vänd ner marängen i chokladmoussen och häll upp i små glas eller portionsformar.
8. Ställ i kylen för att stelna.

BJÖRNBÄRSKOMPOTT:
1. Koka upp björnbär, socker och vatten i en kastrull.
2. När bären börjar mjukna, ta bort från värmen och låt svalna.

VID SERVERING:
Fördela kompotten över moussen och garnera med hackad mynta och hackade nötter.

CHOKLADCHEESECAKE MED NUTELLAMOUSSE
4–6 portioner

Don't bake it – just eat it! Tur är väl det, för cheesecake med oreokakor, nötkräm och lakritstopping vill jag gärna äta – snart! Lakritspulver hittar du i bakbutiker på nätet.

BOTTEN:
- 12 FYLLDA OREOKAKOR
- 3 MSK SMÖR

MOUSSE:
- 200 G FÄRSKOST, T EX PHILADELPHIA
- 2 DL NUTELLA ELLER ANNAN HASSELNÖTSKRÄM
- 1 TSK VANILJPULVER
- 3 DL VISPGRÄDDE

LAKRITSTOPPING:
- 200 G FÄRSKOST
- 1 DL FLORSOCKER
- 2 MSK LAKRITSPULVER ELLER 3 MSK FINKROSSAD TURKISK PEPPAR

GARNERING:
- FÄRSKA JORDGUBBAR
- KROSSAD TURKISK PEPPAR

BOTTEN:
1. Mixa kakorna och smält smöret.
2. Blanda kaksmul och smör och fördela blandningen jämnt i bottnarna på fyra större eller sex mindre glas eller burkar. Pressa ner blandningen med till exempel ett mindre glas för att få en jämn kakbotten.

MOUSSE:
1. Vispa färskost, nötkräm och vaniljpulver med elvisp så det blir fluffigt.
2. Vispa grädden hårt, vänd försiktigt ner den i färskostsmeten och blanda till en jämn och fin smet.
3. Spritsa eller häll ner smeten i burkarna och låt dem stå övertäckta i kylen ett par timmar.

LAKRITSTOPPING:
1. Vispa färskost och florsocker med elvisp.
2. Rör ner lakritspulver eller turkisk peppar.

VID SERVERING:
Spritsa på toppingen och garnera med jordgubbar och turkisk peppar.

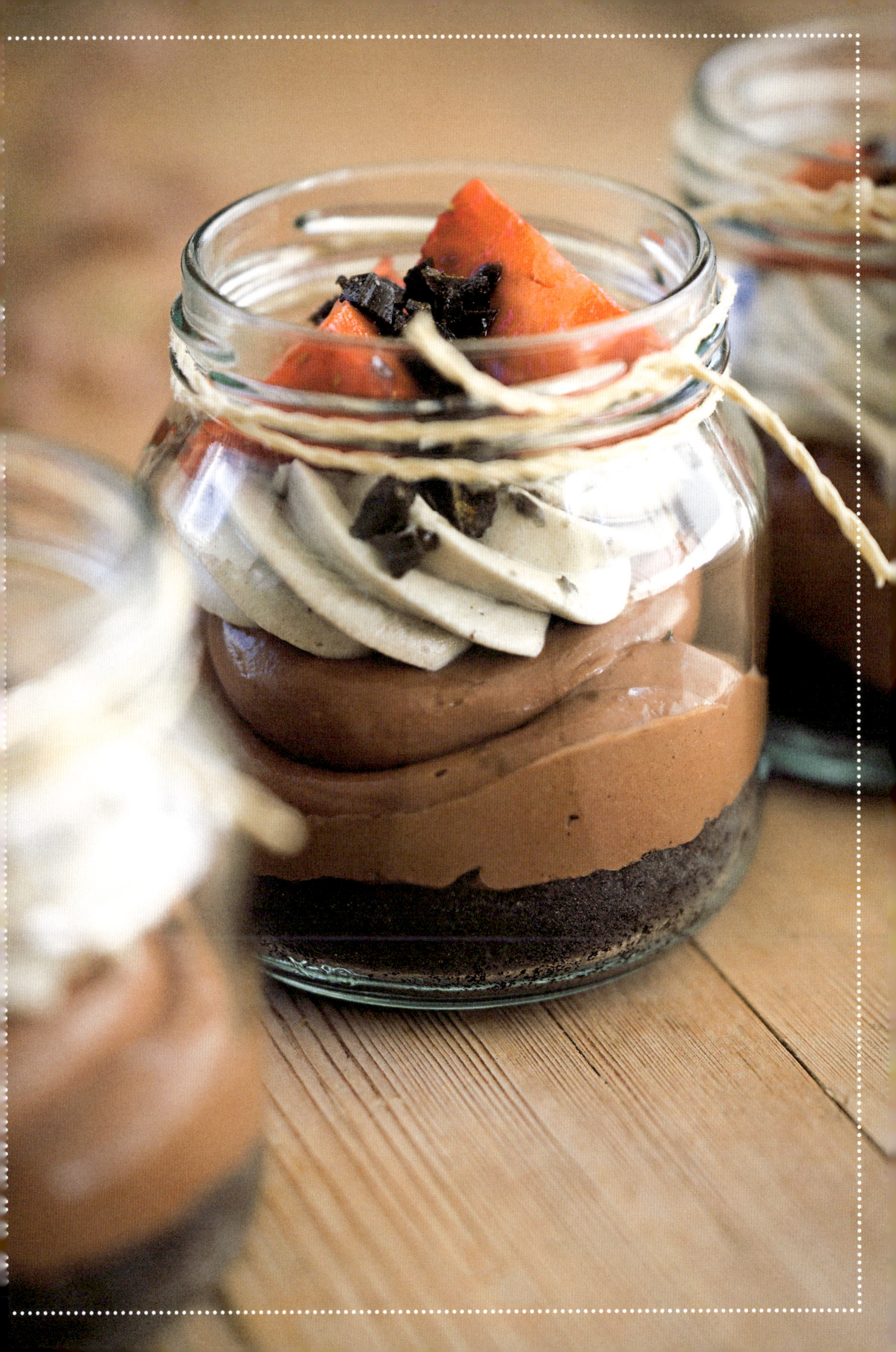

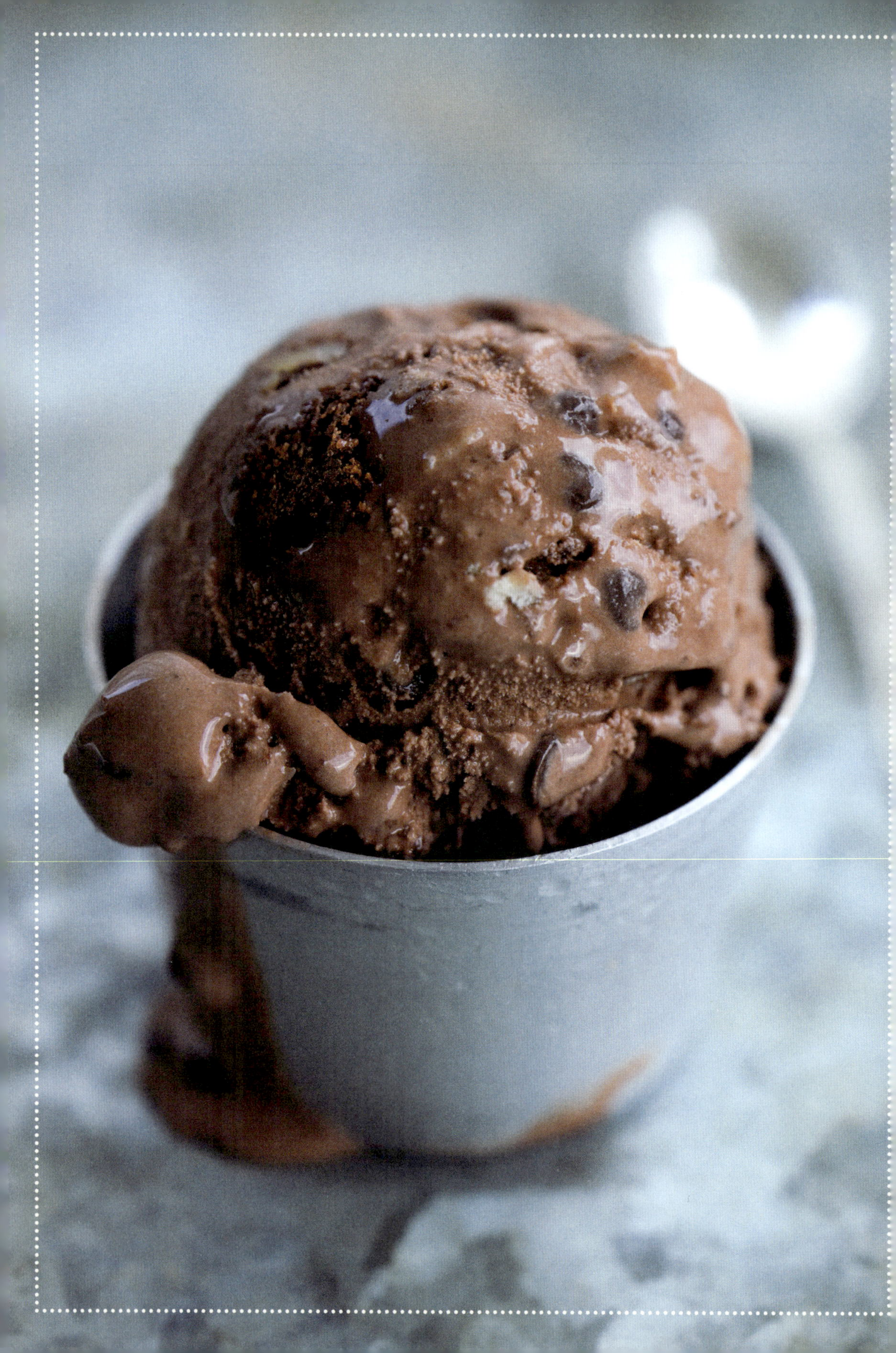

GLASS MED BROWNIES, NÖTTER OCH CHOCOLATE CHIP COOKIES
cirka 8 portioner

Har du inte din favoritglass tillgänglig – gör den själv! Det här är min favoritglass som blir godast hemgjord.

½ LITER CHOKLADGLASS
1 TSK SMÖR
1 DL PEKANNÖTTER
1 TSK HONUNG
1 DL CHOCOLATE CHIPS ELLER HACKAD MÖRK CHOKLAD
4–5 DOUBLE CHOCOLATE CHIP COOKIES, SE RECEPT PÅ SIDAN 12
2 BITAR BROWNIES À 10 X 10 CM

1. Låt glassen stå i rumstemperatur tills den är krämig.
2. Smält smöret i en stekpanna.
3. Tillsätt nötterna och stek tills de får lite färg.
4. Häll i honungen och fortsätt steka tills nötterna fått en gyllenbrun yta.
5. Låt nötterna svalna och grovhacka dem sedan.
6. Vänd ner nötter, choklad, smulade kakor och brownies i glassen och rör om några varv.
7. Låt stå i frysen i några timmar och ta fram strax före servering.

Pajer

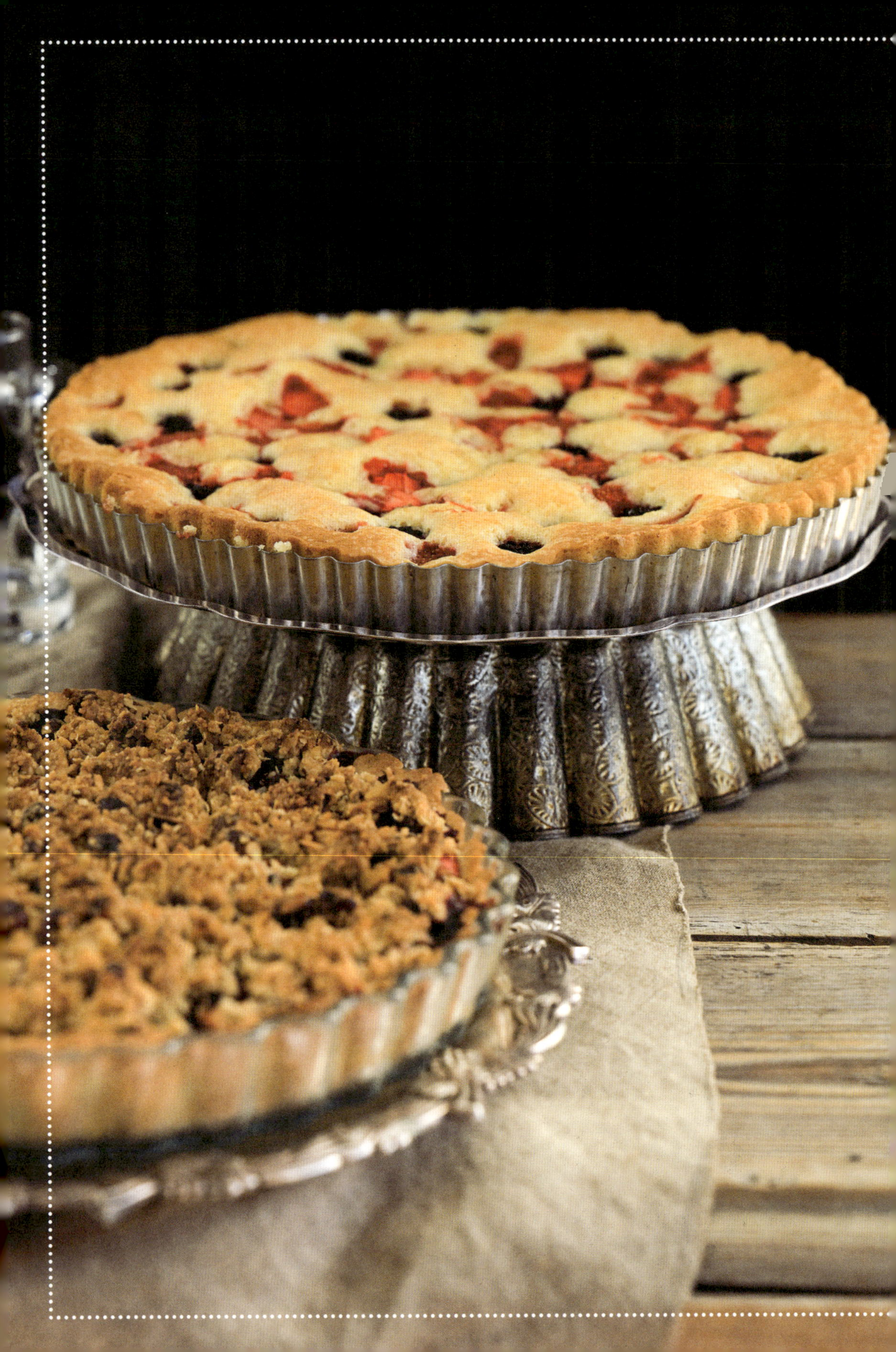

SOMRIG SOCKERKAKA MED FÄRSKA BÄR
8–10 portioner

Den här kakan är ljuvlig på sommaren och älskad av både stora och små. Den går relativt fort att göra och blir oftast godast när den har stått i kylskåpet över natten. Den påminner lite om en seg kladdkaka i konsistensen och blir vansinnigt god med syrligheten från bären.

90 G SMÖR, RUMSVARMT
+ SMÖR TILL FORMEN
3 DL STRÖSOCKER
2 ÄGG
1 ½ DL MJÖLK
1 TSK VANILJPULVER
4 DL VETEMJÖL
2 TSK BAKPULVER
½ TSK SALT
500 G FÄRSKA BÄR EFTER SMAK, T EX JORDGUBBAR, BLÅBÄR OCH BJÖRNBÄR

TILL SERVERING:
GLASS

1. Sätt ugnen på 180°. Smörj en pajform, cirka 25 centimeter i diameter.
2. Vispa smör och socker med en elvisp eller köksassistent tills blandningen är fluffig och ljus.
3. Tillsätt äggen ett i taget, sedan mjölk och vaniljpulver. Vispa tills alla ingredienser är blandade och smeten är jämn och fin.
4. Sikta vetemjöl, bakpulver och eventuellt salt i en separat skål.
5. Rör ner mjölblandningen i smeten och blanda till en jämn smet med slickepott.
6. Fördela smeten i formen och placera ut bären jämnt över kakan. Har du jordgubbar kan du dela dem i mindre bitar.
7. Grädda kakan i cirka 10–12 minuter, sänk sedan värmen till 150° och grädda i ytterligare cirka 50 minuter tills kakan har fått en fin färg. Låt svalna.

Servera med en klick glass.

KEY LIME PIE
6–8 bitar

Key lime pie är en klassisk amerikansk efterrätt, den här har jag gjort med oreokakor – en av mina favoritkakor.

1 PAKET FYLLDA OREOKAKOR
50 G SMÖR
1 BURK KONDENSERAD MJÖLK (400 G)
4 ÄGGULOR
3 LIMEFRUKTER

1. Sätt ugnen på 200°.
2. Mixa kakorna och smält smöret.
3. Blanda kaksmul och smör och fördela mixen i bottnen på en pajform med löstagbar kant, cirka 25 centimeter i diameter.
4. Grädda bottnen i cirka 5 minuter. Låt svalna.
5. Sänk temperaturen till 150°.
6. Häll den kondenserade mjölken i en bunke.
7. Rör ner äggulorna en i taget och blanda ordentligt mellan varje gula.
8. Pressa saften ur limefrukterna och rör ner i blandningen.
9. Häll smeten i det förgräddade skalet och grädda i cirka 10–12 minuter. Låt svalna.

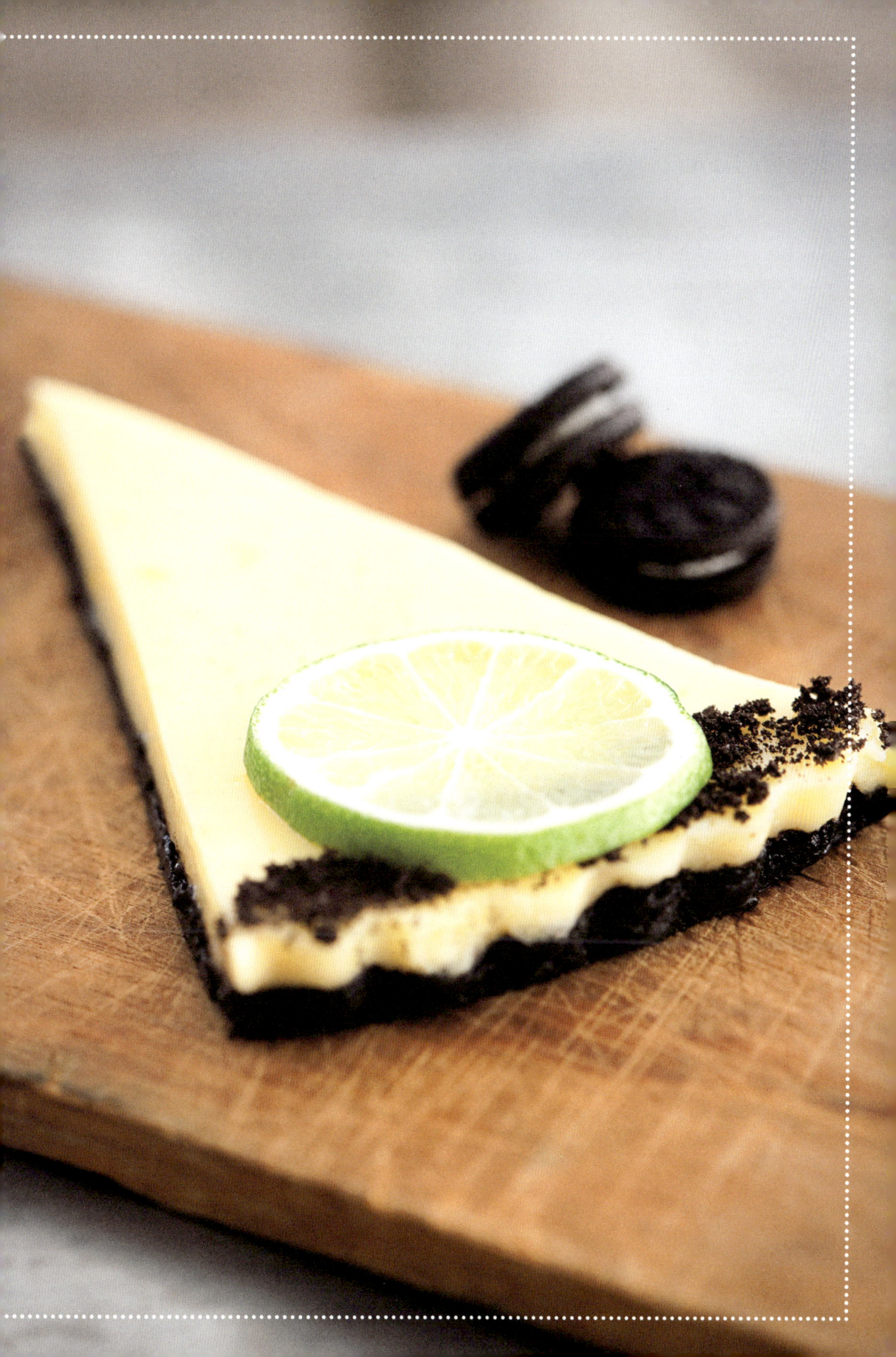

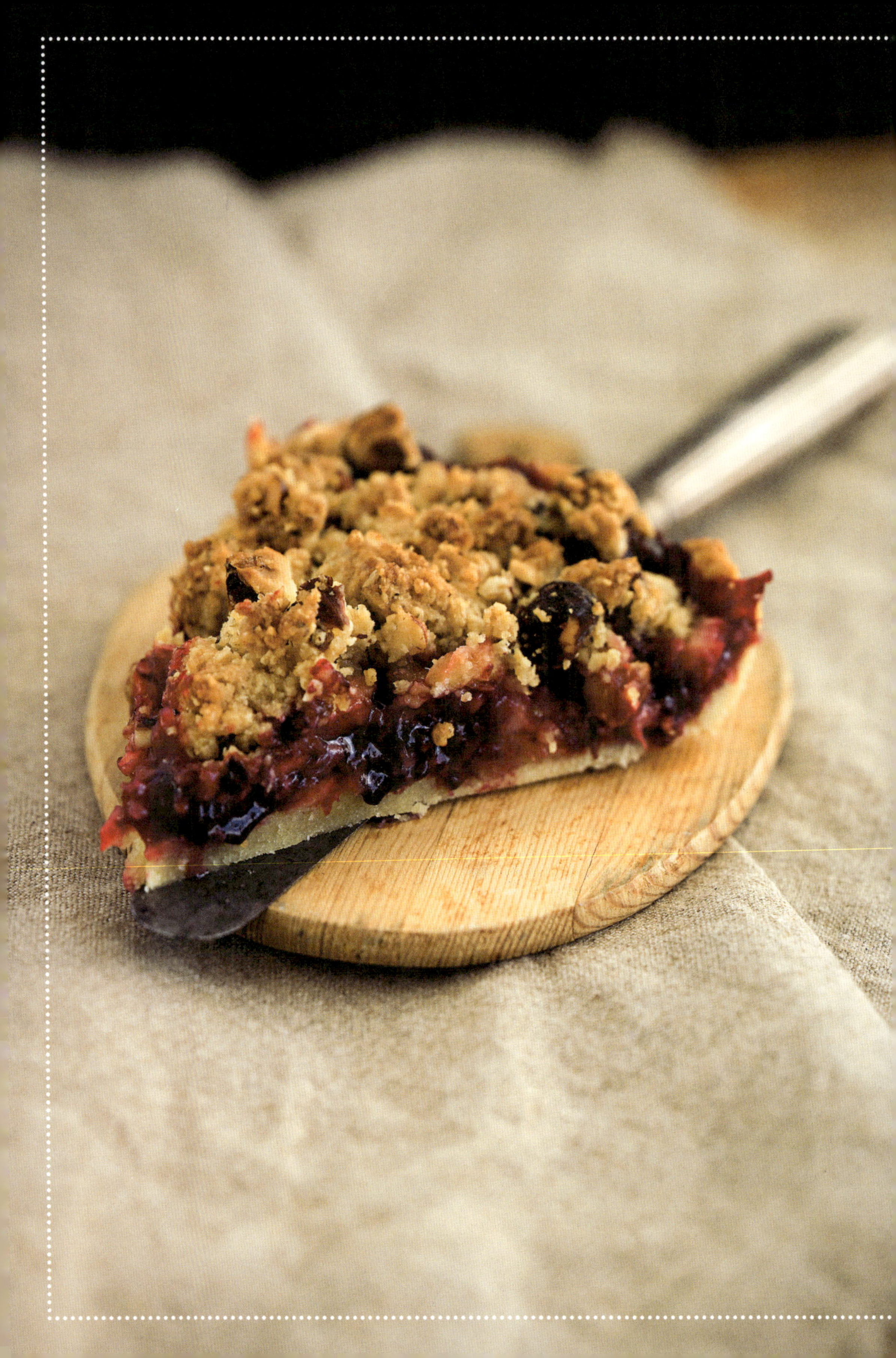

KNAPRIG SMULPAJ MED BJÖRNBÄR
8–10 portioner

Smulpajer är en riktig favorit och de går fort att göra! Smuldeg med havre, smör och socker som bas kan man variera i oändlighet. I det här receptet ville jag att det skulle knapra rejält, så lite grovhackade hasselnötter gjorde susen.

BOTTEN:
3 DL VETEMJÖL
½ DL FLORSOCKER
100 G SMÖR, KALLT OCH I SMÅ KUBER
CA 3 MSK KALLT VATTEN

FYLLNING OCH SMULDEG:
CA 400 G FÄRSKA BJÖRNBÄR
1 DL STRÖSOCKER
1 DL RÖRSOCKER
2 MSK MAIZENA
1 CITRON, ZEST
2 ½ DL HAVREGRYN
1 ¼ DL VETEMJÖL
1 ¼ DL RÖRSOCKER
2 ½ DL GROVHACKADE HASSELNÖTTER
1 TSK HAVSSALT
100 G SMÖR, KALLT OCH I SMÅ KUBER

TILL SERVERING:
VANILJGLASS

BOTTEN:
1. Sätt ugnen på 200°.
2. Lägg mjöl, socker och smör i en matberedare och pulsa tills det blivit en jämn deg.
3. Häll i lite kallt vatten för att göra degen enkel att arbeta med.
4. Knåda ihop degen med händerna, lägg den i plastfolie och låt vila i kylskåpet i minst 30 minuter.

FYLLNING OCH SMULDEG:
1. Rör ihop björnbär, socker, maizena och citronzest i en skål. Se till att bären täcks ordentligt med maizena.
2. Blanda havregryn, mjöl, socker, nötter och salt i en skål. Lägg i smöret och nyp in det tills smuldegen är jämn och fin.
3. Tryck ut pajdegen i bottnen av en pajform som är cirka 25 centimeter i diameter.
4. Lägg bärblandningen jämnt i pajformen.
5. Strö över smuldegen, den ska täcka bären.
6. Grädda i mitten av ugnen i cirka 45 minuter eller tills pajen har fått en härlig gyllenbrun färg. Låt svalna.

Servera med en god vaniljglass.

NEKTARINGALETTE
cirka 4 portioner

En galette är en knaprig fransk fruktpaj som är enkel att slänga ihop och urgod med glass! Den här är gjord med mogna nektariner.

BOTTEN:
2 ½ DL VETEMJÖL
½ TSK STRÖSOCKER
1 NYPA SALT
85 G SMÖR, KALLT OCH I KUBER
4 MSK VATTEN

FYLLNING:
1 ¼ DL MANDELMJÖL
2 MSK STRÖSOCKER
5 MOGNA NEKTARINER
1 MSK SMÖR
STRÖSOCKER

TILL SERVERING:
VANILJGLASS

BOTTEN:
1. Sätt ugnen på 200°.
2. Blanda mjöl, socker och salt i en skål.
3. Lägg i smöret och nyp in det i mjölblandningen.
4. Tillsätt vattnet och arbeta ihop till en deg.
5. Låt stå i kylen i cirka 30 minuter.
6. Kavla ut degen med en kavel så den får en rektangulär form. Pudra på lite mjöl om degen fastnar. Lägg bottnen på en plåt med bakplåtspapper.

FYLLNING:
1. Blanda mandelmjöl och socker i en skål.
2. Häll hälften av mandelsockret över bottnen, men lämna kanterna utan socker.
3. Kärna ur nektarinerna, skär dem i smala klyftor och placera på bottnen.
4. Häll över resten av sockret och vik in kanter så att de täcker lite av nektarinerna.
5. Smält smöret och pensla kanterna. Strössla över lite socker.
6. Grädda i nedre delen av ugnen i cirka 50 minuter, tills kanterna börjar bli gyllene. Låt svalna en aning före servering.

Servera med vaniljglass.

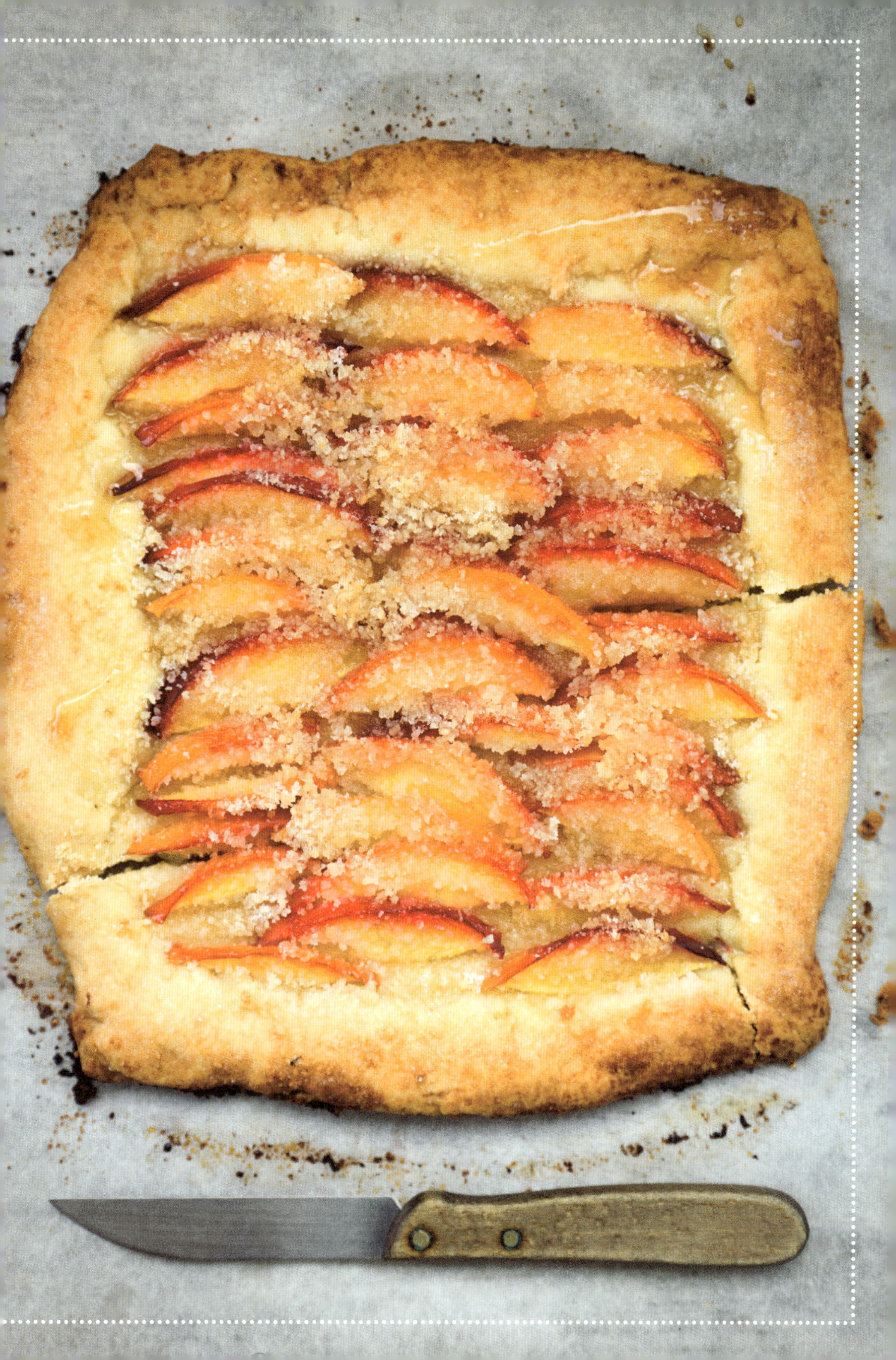

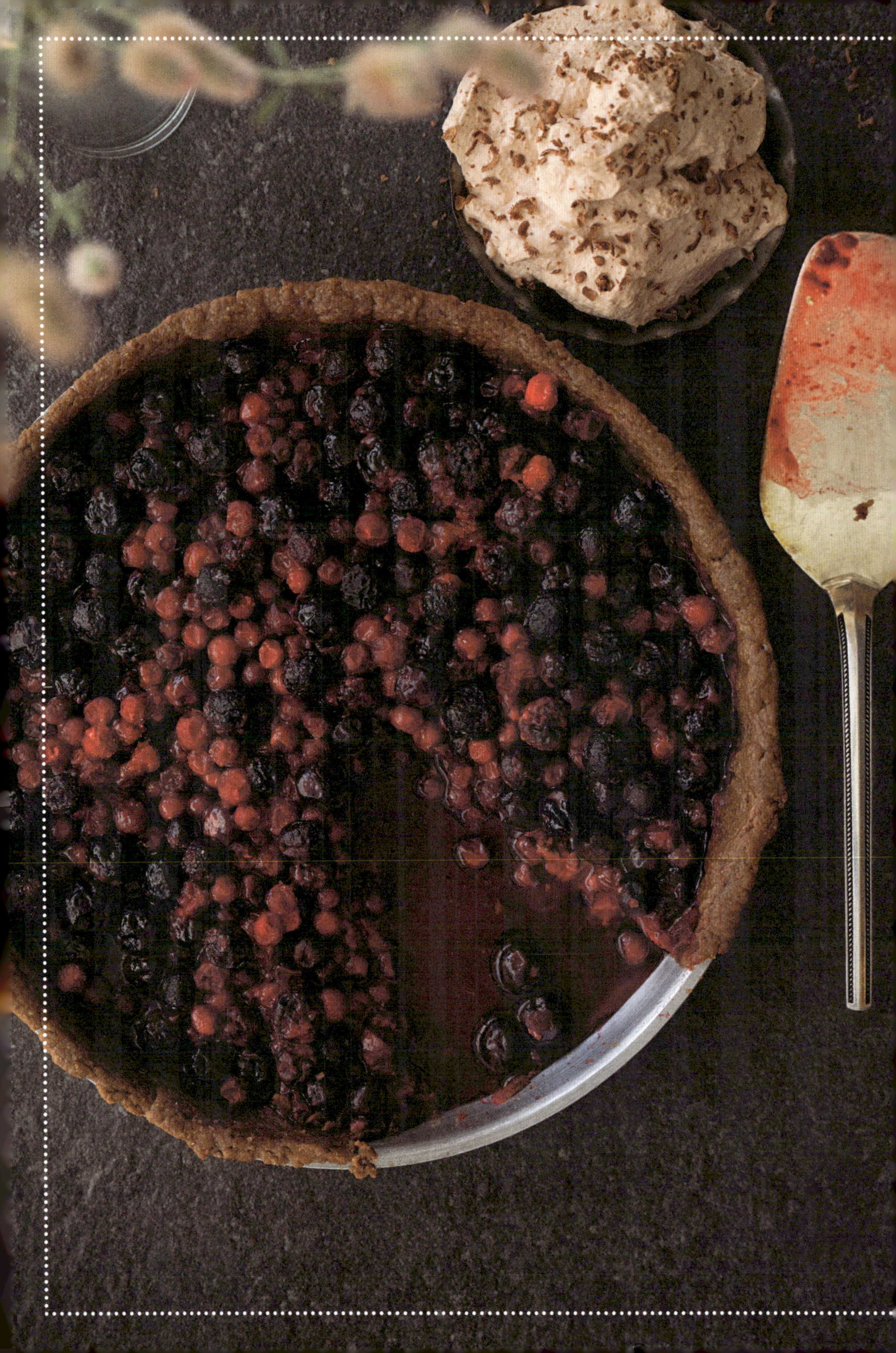

CHOKLAD- OCH LINGONPAJ
6–8 bitar

En syrlig lingonpaj som serveras med chokladgrädde. Det blir väldigt gott med kolasås till också.

PAJDEG:
- 100 G SMÖR, KALLT OCH I KUBER
- 2 ½ DL VETEMJÖL
- 2 ÄGGULOR
- ½ DL FLORSOCKER
- ½ DL KAKAO
- 1 KRM SALT

FYLLNING:
- 500 G FRYSTA LINGON
- 500 G FRYSTA BLÅBÄR
- 2 DL STRÖSOCKER
- 3 DL POTATISMJÖL
- 2 CITRONER, ZEST

TILL SERVERING:
- VISPAD GRÄDDE
- MÖRK CHOKLAD

1. Mixa smör och mjöl till en smulig massa i en matberedare.
2. Tillsätt äggulorna och kör till en smidig deg. Häll i florsocker, kakao och salt och låt allt blandas väl. Låt degen stå övertäckt i kylen 30 minuter.
3. Sätt ugnen på 175°.
4. Klä en pajform som är cirka 18 centimeter i diameter med degen.
5. Rör ihop de frysta bären.
6. Tillsätt socker, potatismjöl och citronzest och fyll pajskalet, se till att blandningen fördelas jämnt.
7. Grädda pajen i mitten av ugnen i cirka 40 minuter.

Servera pajen med grädde som du blandat med riven choklad.

KANELDOFTANDE PLOMMONGALETTE
4 portioner

Knaprig plommonpaj som avnjuts varm med lite glass och ringlad honung!

CA 200 G FILODEG, KYLSKÅPSKALL
1 MSK SMÖR
2 MSK STRÖSOCKER
1 TSK MALEN KANEL
1 DL MANDELMJÖL
5 MOGNA PLOMMON
1 DL MANDELSPÅN

TILL SERVERING:
VANILJGLASS
FLYTANDE HONUNG

1. Sätt ugnen på 200°.
2. Rulla ut filodegsarken och lägg dem på ett mjölat bord.
3. Skär ut arken till 16 fyrkanter, cirka 10 x 10 centimeter. Lägg 4 x 4 ark ovanpå varandra.
4. Smält smöret och pensla de översta arken.
5. Blanda socker, kanel och mandelmjöl och strössla över ungefär hälften på bottnarna.
6. Kärna ur plommonen och skär dem i smala klyftor. Fördela klyftorna på bottnarna, men lämna en kant.
7. Strössla över resten av mandelsockret och mandelspån. Vik in kanterna en bit över plommonen.
8. Grädda i cirka 30–40 minuter tills kanterna har fått fin färg.

Servera genast med glass och honung.

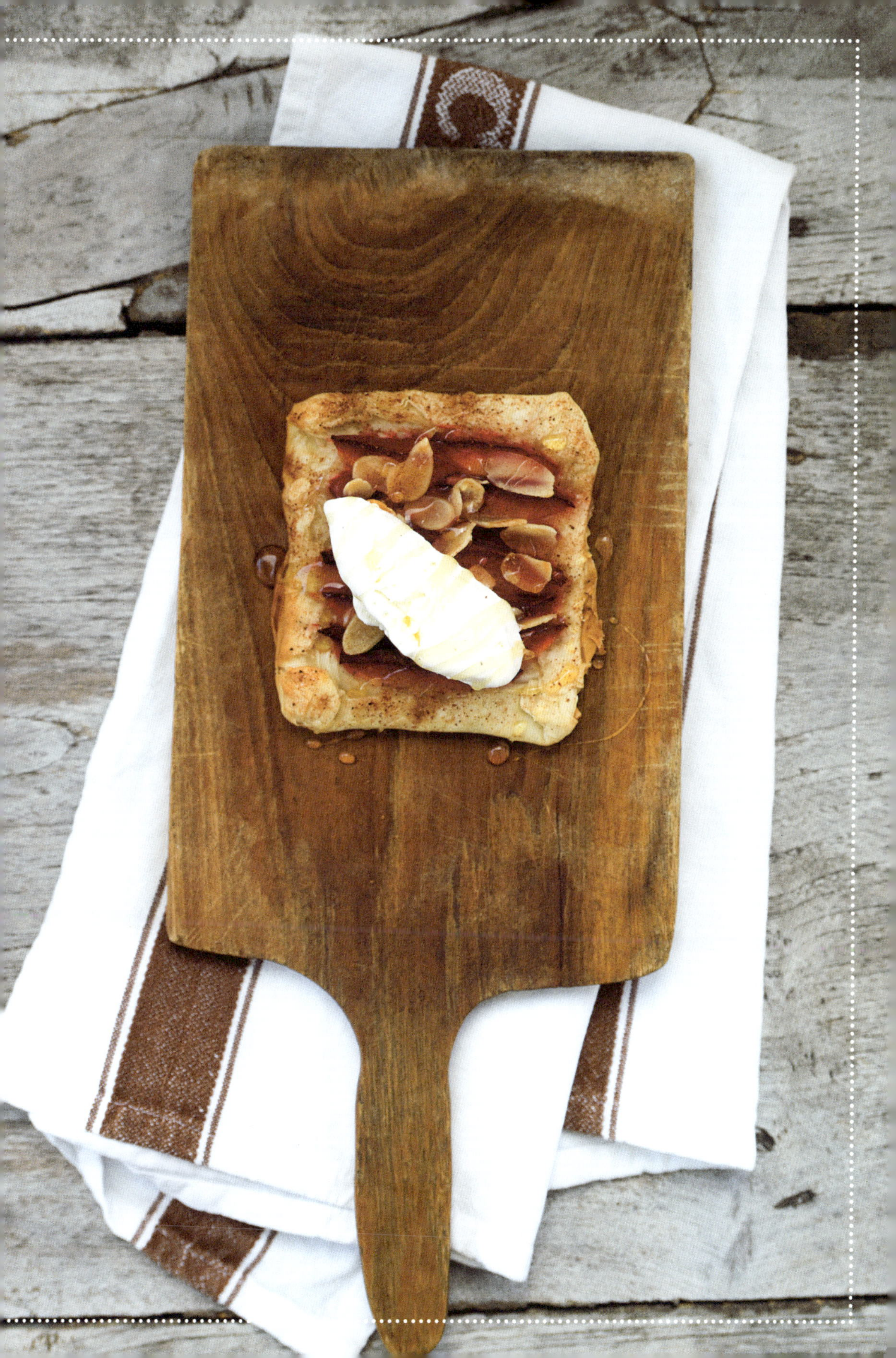

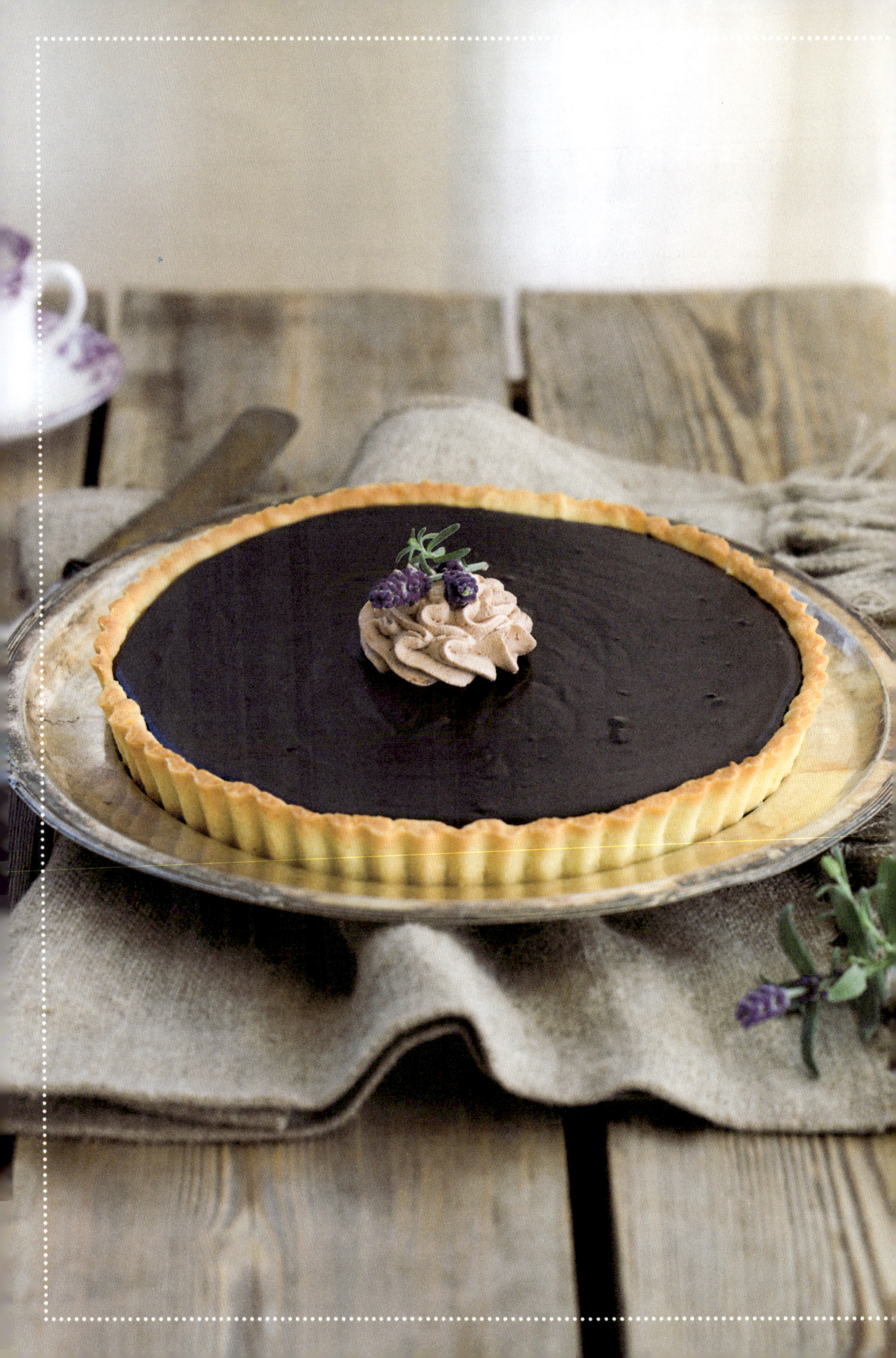

LAVENDELTRYFFELPAJ
8–10 portioner

Den distinkta smaken av lavendel blir så god tillsammans med tryffeln. Den här desserten är lätt att variera med andra smaker, kanske kan du prova på någon god färsk ört, till exempel citronmeliss? Servera med en klick grädde.

PAJDEG:
100 G SMÖR, KALLT OCH I KUBER
3 DL VETEMJÖL
2 ÄGGULOR
½ DL FLORSOCKER
1 KRM SALT

LAVENDELTRYFFEL:
3 DL VISPGRÄDDE
2 TSK TORKADE LAVENDELBLOMMOR (SPARA NÅGRA TILL GARNERING)
50 G SMÖR
300 G MÖRK CHOKLAD
1 TSK HAVSSALT

GARNERING:
VISPAD GRÄDDE
KAKAO

PAJDEG:
1. Sätt ugnen på 225°.
2. Mixa smör och mjöl till en smulig massa i en matberedare.
3. Tillsätt äggulorna och kör till en smidig deg. Tillsätt florsocker, kakao och salt och låt allt blandas väl.
4. Tryck ut degen i en pajform, cirka 20 centimeter i diameter och gärna med löstagbar kant.
5. Grädda i cirka 10 minuter. Låt pajskalet svalna helt.

LAVENDELTRYFFEL:
1. Hetta upp grädden tillsammans med lavendelblommorna. Ta kastrullen från värmen.
2. Låt blommorna ligga och dra i cirka 15 minuter innan de silas bort. Ställ tillbaka grädden på värmen, lägg i smöret och låt det smälta.
3. Bryt chokladen i bitar, lägg dem i grädden och rör tills chokladen har smält. Blanda i saltet.
4. Fyll pajskalet med tryffelsmeten och låt pajen stå i kylen tills fyllningen har stelnat, minst 1 timme.

VID SERVERING:
Smaksätt grädden med lite kakao och spritsa den på pajen. Garnera med lavendelblommor.

KRISPIGA MINIPAJER MED VANILJKRÄM OCH BÄR
cirka 12 stycken

Gör vaniljkrämen först och låt den svalna innan du gör pajerna.

PAJER:
8 ARK FILODEG, KYLSKÅPSKALLA
100 G SMÖR
1 SATS VANILJKRÄM
FÄRSKA BÄR
STRÖSOCKER
FLORSOCKER

VANILJKRÄM:
5 DL STANDARDMJÖLK
2 ½ DL VISPGRÄDDE
1 VANILJSTÅNG
2 ÄGGULOR
1 DL STRÖSOCKER
2 ½ MSK MAIZENA
20 G SMÖR, RUMSVARMT

PAJER:
1. Sätt ugnen på 200°.
2. Skär arken i 48 kvadratiska bitar. De ska passa i en muffinsplåt.
3. Smält smöret och pensla varje bit. Lägg fyra bitar ovanpå varandra.
4. Forma degportionen till en skål i en muffinsplåt. Fortsätt tills du har fyllt alla hål i muffinsplåten. Pensla eventuellt med lite mer smör.
6. Fyll skålarna med vaniljkräm och bär.
7. Strössla strösocker över bären.
8. Grädda i cirka 12–15 minuter tills pajerna fått en fin gyllene färg. Låt svalna innan pajerna lyfts ur formarna.
9. Pudra lite florsocker över pajerna och servera.

VANILJKRÄM:
1. Häll mjölk och grädde i en kastrull.
2. Dela vaniljstången på längden, skrapa ur fröna och lägg stång och frön i kastrullen.
3. Koka upp och ta kastrullen från värmen. Låt vaniljmjölken dra 15 minuter. Ta bort vaniljstången.
4. Vispa äggulor, socker och maizena luftigt med elvisp.
5. Ställ tillbaka kastrullen med vaniljmjölk på en varm platta och slå i äggsmeten under vispning.
6. Låt koka upp och rör hela tiden.
7. Ta kastrullen från värmen och vispa i smöret.
8. Sila krämen genom en finmaskig sil.
9. Täck med plastfolie och låt svalna i kylen.

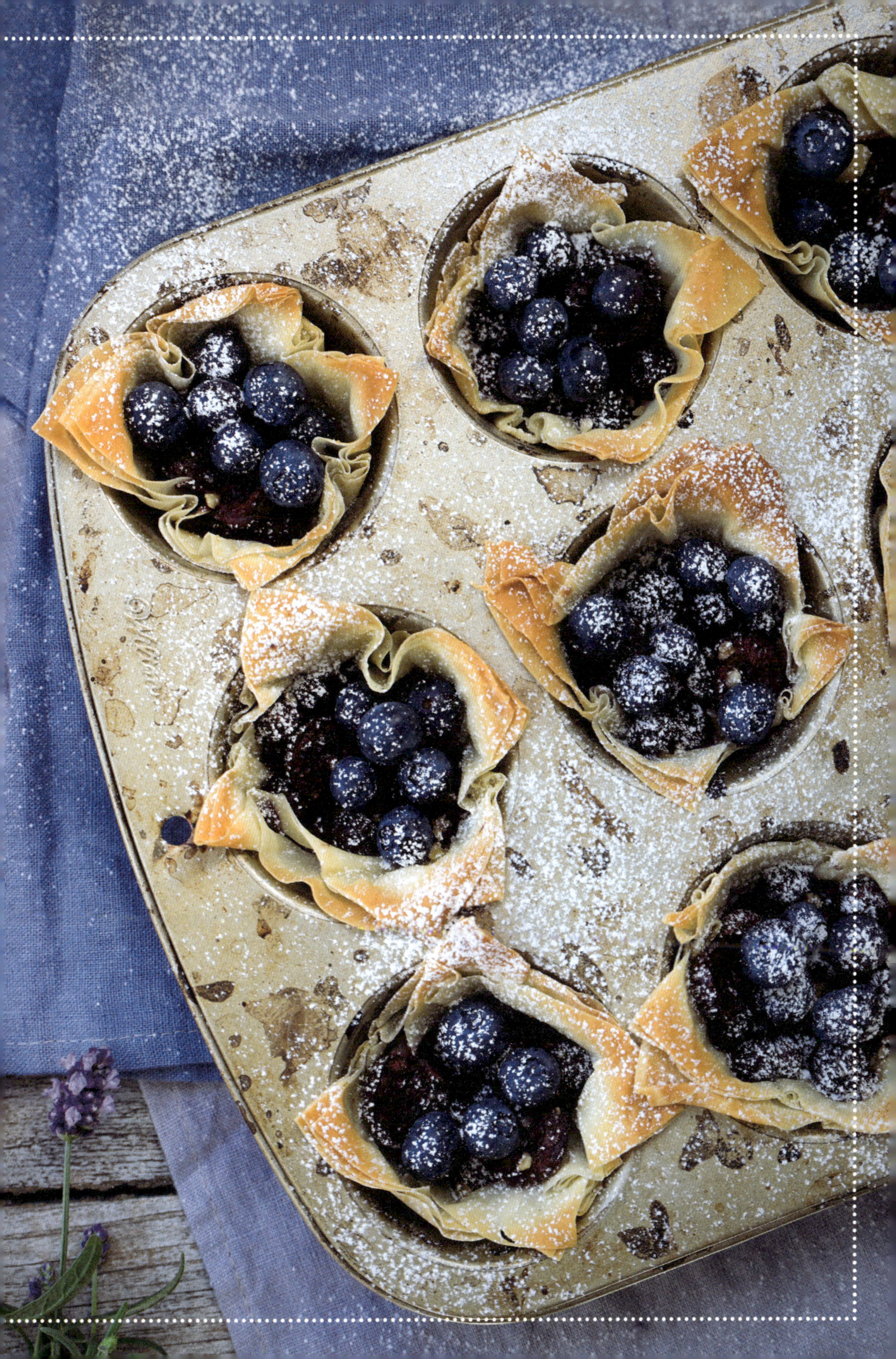

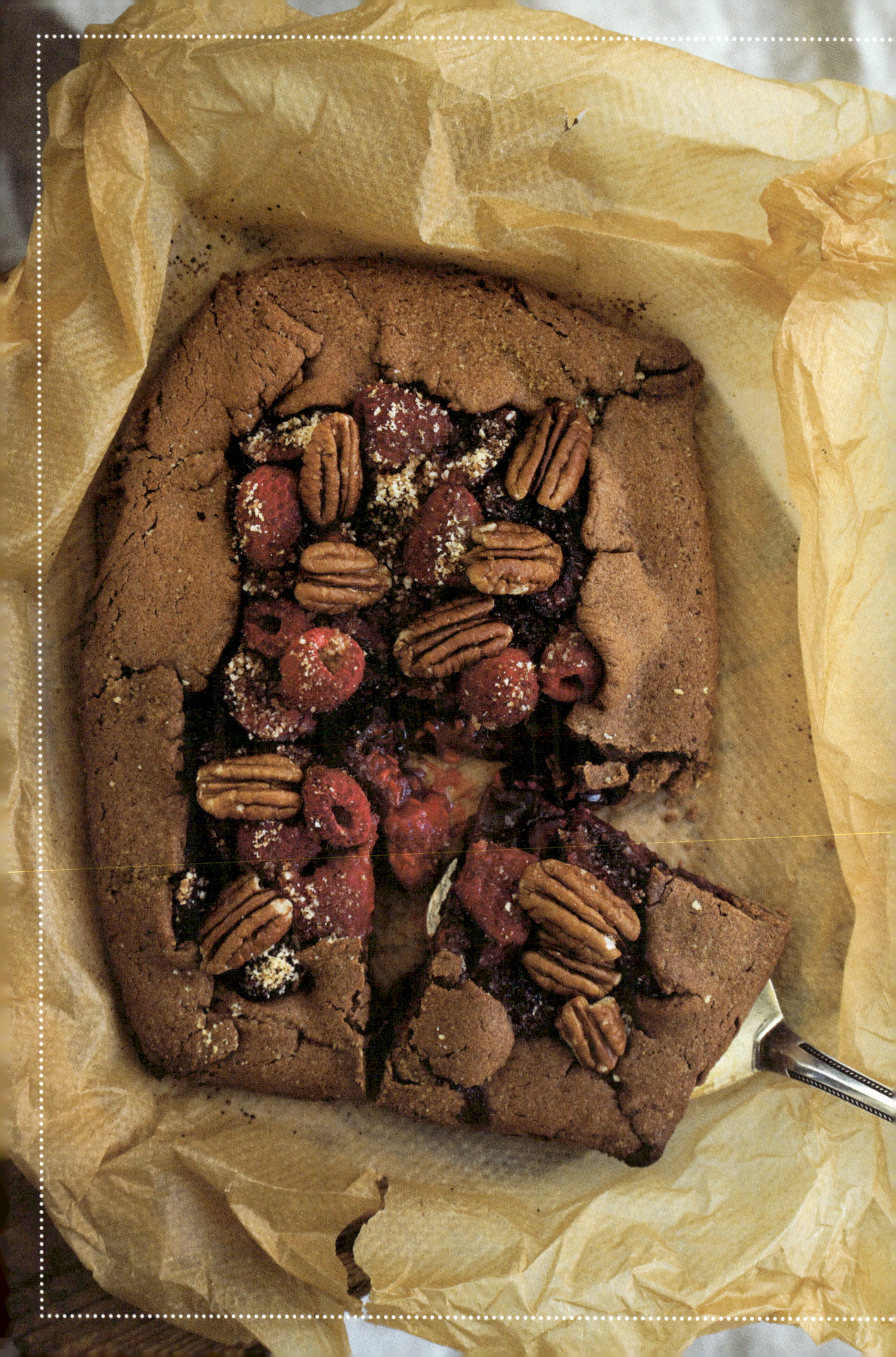

CHOKLADGALETTE MED BÄR OCH PEKANNÖTTER

4–6 portioner

Chokladpaj som du fyller med sommarens godaste bär och pekannötter.

BOTTEN:
- 50 G SMÖR, KALLT OCH I KUBER
- 1 ½ DL VETEMJÖL
- 1 ÄGGULA
- ¼ DL FLORSOCKER
- ¼ DL KAKAO
- 1 NYPA SALT

FYLLNING:
- 50 G SMÖR
- ½ ASK FÄRSKA BLÅBÄR
- ½ ASK FÄRSKA HALLON
- ½ DL RÖRSOCKER
- ½ DL MANDELMJÖL
- ½ DL PEKANNÖTTER

TILL SERVERING:
VISPAD GRÄDDE

1. Mixa smör och mjöl till en smulig massa i en matberedare.
2. Tillsätt äggulan och kör till en smidig deg. Häll i florsocker, kakao och salt och låt allt blandas väl. Plasta in och låt ligga i kylen cirka 20 minuter.
3. Sätt ugnen på 200°.
4. Kavla ut degen till en rektangel som är cirka 15 x 10 centimeter och lägg den på en plåt med bakplåtspapper.
5. Smält smöret och pensla bottnen.
6. Fördela bären på bottnen och strössla över socker och mandelmjöl som blandats. Lämna en liten kant som ska vikas in, cirka 2 x 2 centimeter.
7. Vik in kanterna, pensla med smör och strö över resten av mandelsockret.
8. Grädda i cirka 30 minuter.

Servera med en klick grädde.

Mini-kakor & cupcakes

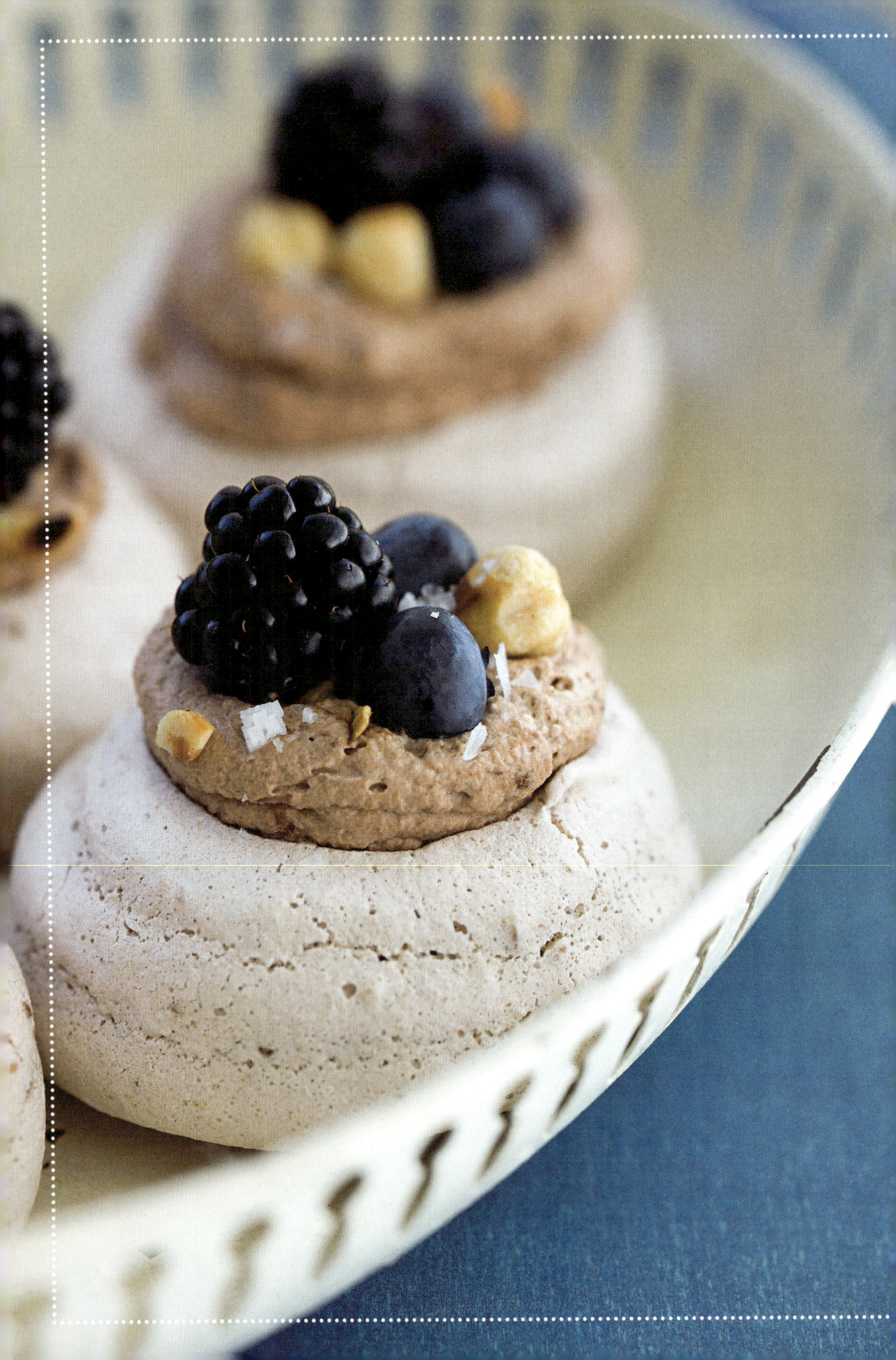

CHOKLADPAVLOVA
MED GANACHE, GRÄDDE OCH BÄR
6–8 stycken

En deluxe-version av pavlovan. Spara lite plats åt den här godingen efter maten, det kommer det att vara värt!

MARÄNGER:
3 ÄGGVITOR
3 DL STRÖSOCKER
1 TSK PRESSAD CITRONSAFT
2 TSK MAIZENA
2 TSK KAKAO

FYLLNING:
GANACHE, SE RECEPT PÅ
 SIDAN 148
5 DL VISPGRÄDDE
2 MSK KAKAO

GARNERING:
FÄRSKA BÄR, T EX BLÅBÄR
 OCH BJÖRNBÄR
ROSTADE NÖTTER,
 T EX HASSELNÖTTER

MARÄNGER:
1. Sätt ugnen på 150°.
2. Vispa äggvitorna med elvisp tills de blir vita och fasta, det tar cirka 3 minuter.
3. Tillsätt socker och citronsaft och vispa tills blandningen har blivit glansig, cirka 3–4 minuter.
4. Sikta i maizena och kakao, blanda försiktigt till en jämn smet.
5. Lägg marängen i en spritspåse eller liten plastpåse, klipp ett litet hål och spritsa rundlar på en plåt med bakplåtspapper, de ska vara cirka 10 centimeter i diameter. Se till att det blir en kant på dem så det går att fylla dem när de är gräddade.
6. Grädda i 15 minuter, sänk värmen till 100° och grädda i ytterligare 30 minuter. Låt svalna på ett galler.

FYLLNING:
1. Gör ganachen och låt den svalna.
2. Vispa grädden och smaksätt den med kakaon.

MONTERING:
1. Fyll en spritspåse med ganache och fyll hålen i marängerna.
2. Klicka eller spritsa på chokladgrädden och garnera med bär och nötter.

CITRONCUPCAKES MED HONUNGSFROSTING
12 cupcakes

Använd en bra ekologisk honung till dina cupcakes.

BOTTNAR:
- 3 ÄGG
- 2 ½ DL STRÖSOCKER
- 1 TSK VANILJPULVER
- 3 DL VETEMJÖL
- 2 TSK BAKPULVER
- ½ TSK SALT
- 70 G SMÖR
- 1 DL MJÖLK
- 1 CITRON, SAFT OCH ZEST

HONUNGSFROSTING:
- 1 ÄGGVITA
- ¾ DL STRÖSOCKER
- 300 G SMÖR, RUMSVARMT
- ½ TSK VANILJPULVER
- 1 DL FLYTANDE HONUNG

BOTTNAR:

1. Sätt ugnen på 175°.
2. Vispa ägg, socker och vaniljpulver med elvisp eller köksassistent tills smeten är fluffig och vit.
3. Sikta mjöl, bakpulver och salt ner i en skål. Smält smöret och låt det svalna.
4. Sänk hastigheten på vispen och tillsätt ingredienserna genom att varva mjölk, smör och mjölblandning. Avsluta med citronzest och -saft.
5. Sätt muffinsformar i en muffinsplåt och fyll formarna ungefär till hälften.
6. Grädda i cirka 12 minuter. Tryck på en kaka, studsar den tillbaka så är den klar.
7. Ställ bottnarna på ett galler och låt dem svalna.

HONUNGSFROSTING:

1. Ställ en skål över en kastrull med sjudande vatten.
2. Häll i äggvita och socker och vispa för hand tills sockret har lösts upp.
3. Ta skålen från värmen och vispa med en elvisp tills marängen blivit dubbelt så stor.
4. Klicka i smöret under vispning lite i taget tills konsistensen är mjuk och smidig.
5. Rör sist ner vaniljpulver och honung.
6. Spritsa eller bred frosting på bottnarna och garnera med lite honung.

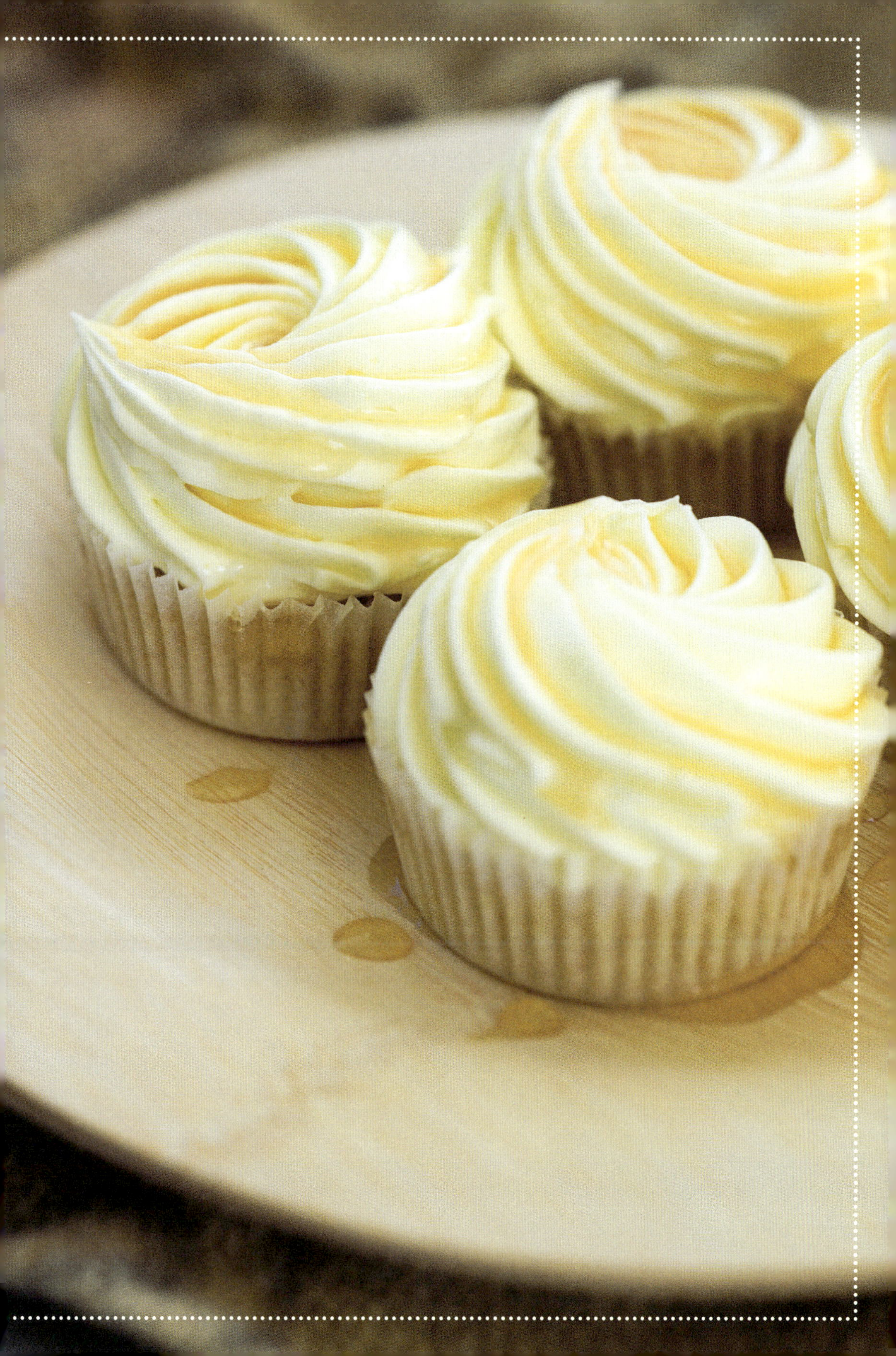

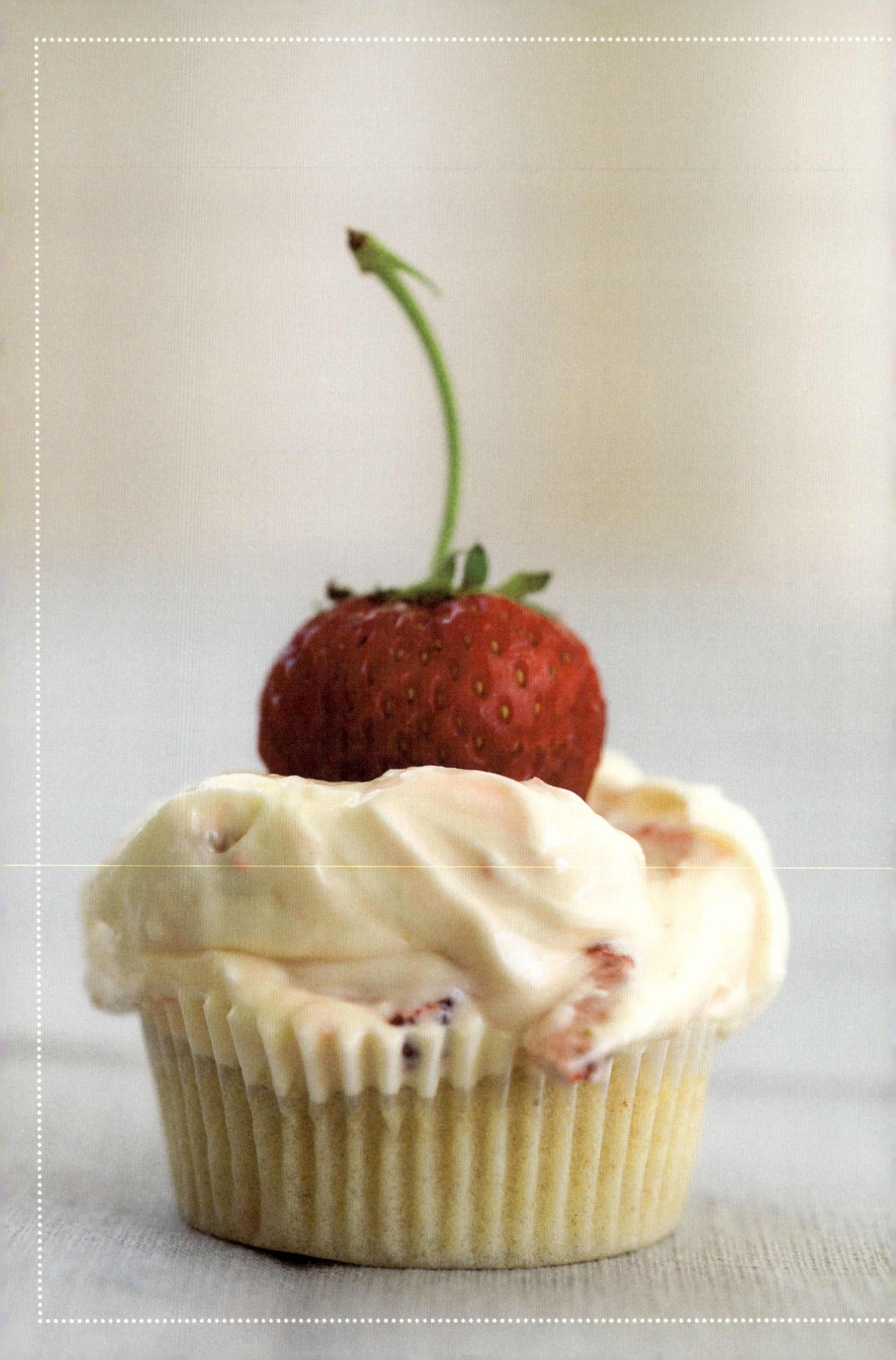

JORDGUBBSCUPCAKES
12 cupcakes

En ny svensk klassiker! Doften av färska jordgubbar och färskosttopping får åtminstone mig att tänka på svensk sommar.

BOTTNAR:
- 3 ÄGG
- 2 DL STRÖSOCKER
- 1 TSK VANILJPULVER
- 70 G OSALTAT SMÖR
- 1 DL GRÄDDFIL
- 3 DL VETEMJÖL
- 1 TSK BIKARBONAT
- 1 NYPA SALT
- CA 6 FÄRSKA JORDGUBBAR

FÄRSKOSTFROSTING:
- 200 G FÄRSKOST
- 100 G OSALTAT SMÖR, RUMSVARMT
- 300 G FLORSOCKER
- ¼ TSK VANILJPULVER
- CA 10 FÄRSKA JORDGUBBAR
- ½ TSK CITRONZEST

GARNERING:
- FÄRSKA JORDGUBBAR

BOTTNAR:
1. Sätt ugnen på 180°.
2. Vispa ägg, socker och vaniljpulver ljust och fluffigt.
3. Smält smöret och blanda ner gräddfilen i smöret.
4. Rör ner blandningen i äggvispet.
5. Blanda mjöl, bikarbonat och salt och sikta ner i äggvispet lite i taget. Rör till en jämn smet.
6. Sätt muffinsformar i en muffinsplåt och fyll formarna till ungefär en tredjedel.
7. Snoppa och skölj jordgubbarna. Tärna dem i små bitar och lägg i formarna.
8. Grädda cirka 13–15 minuter.
9. Lägg bottnarna på ett galler och låt svalna.

FÄRSKOSTFROSTING:
1. Vispa färskost och smör med elvisp på hög hastighet.
2. Sänk hastigheten och häll stötvis ner florsockret blandat med vaniljpulvret. Höj sedan hastigheten igen och vispa frostingen tills den är fluffig och fin.
3. Kyl frostingen tills den är sprits- eller bredbar, ett par timmar brukar bli bra.
4. Snoppa, skölj och hacka jordgubbarna. Rör ner citronzest och jordgubbar i frostingen innan du brer eller spritsar den på bottnarna.
5. Garnera med jordgubbar.

MINTBROWNIES I BURKAR
6–8 portioner

En fräsch efterrätt som kommer i små portioner. Perfekt att ge bort ifall du är bortbjuden!

BROWNIES:
- 200 G MÖRK CHOKLAD
- 50 G SMÖR
- 3 ÄGG
- 3 DL STRÖSOCKER
- 1 DL VETEMJÖL
- 1 DL KAKAO
- 2 TSK BAKPULVER
- 3 TSK PEPPARMINTSAROM

FÄRSKOSTFROSTING:
SE RECEPT PÅ SIDAN 26

GARNERING:
- FÄRSK MYNTA
- MINTCHOKLAD, PÅ BILDEN ÄR DET M&M'S MINTCHOKLAD

TIPS: FRYS GÄRNA IN KAKRESTERNA OCH ANVÄND TILL CAKEPOPS VID ETT ANNAT TILLFÄLLE.

BROWNIES:
1. Sätt ugnen på 175°.
2. Bryt chokladen i bitar och lägg dem och smör i en skål. Ställ skålen på en kastrull med sjudande vatten och låt smälta. Ta skålen från värmen.
3. Vispa ägg och socker ljust och fluffigt. Vänd ner äggvispet i chokladblandningen.
4. Sikta mjöl, kakao och bakpulver. Vänd ner i blandningen lite i taget tills allt har blandats ordentligt.
5. Avsluta med att blanda i pepparmintsaromen.
6. Klipp ut ett bakplåtspapper så det täcker bottnen på en avlång gratängform, cirka 35 x 20 centimeter. Fördela smeten i formen.
7. Grädda i cirka 25–30 minuter. Låt svalna.

MONTERING:
1. Skär eller stansa ut runda bitar av kakan som passar i de utvalda burkarna.
2. Lägg en browniebotten i burkarna, spritsa sedan på frosting, lägg på ytterligare en botten och avsluta med att spritsa på frosting.
3. Garnera med myntablad och mintchoklad.

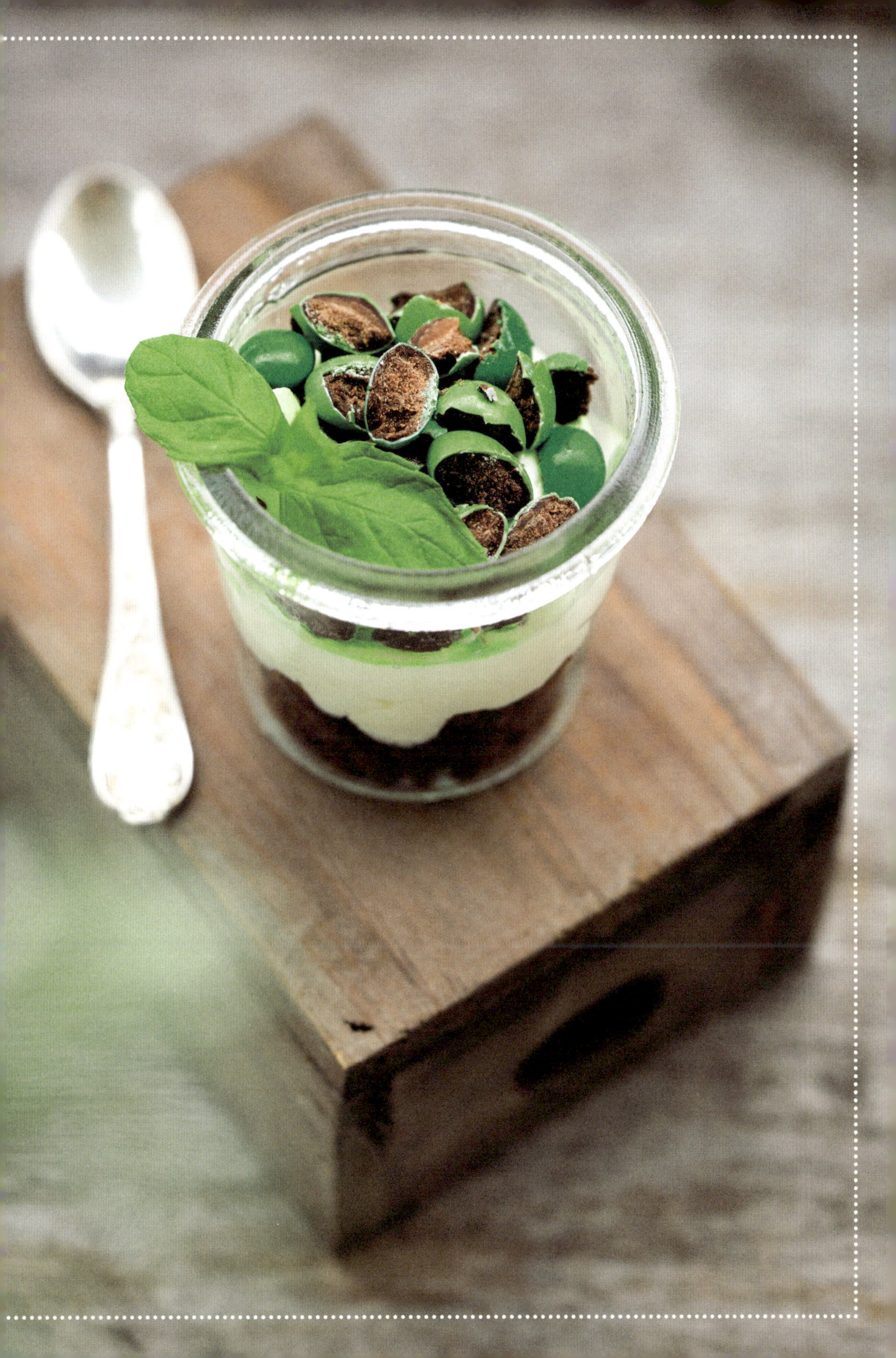

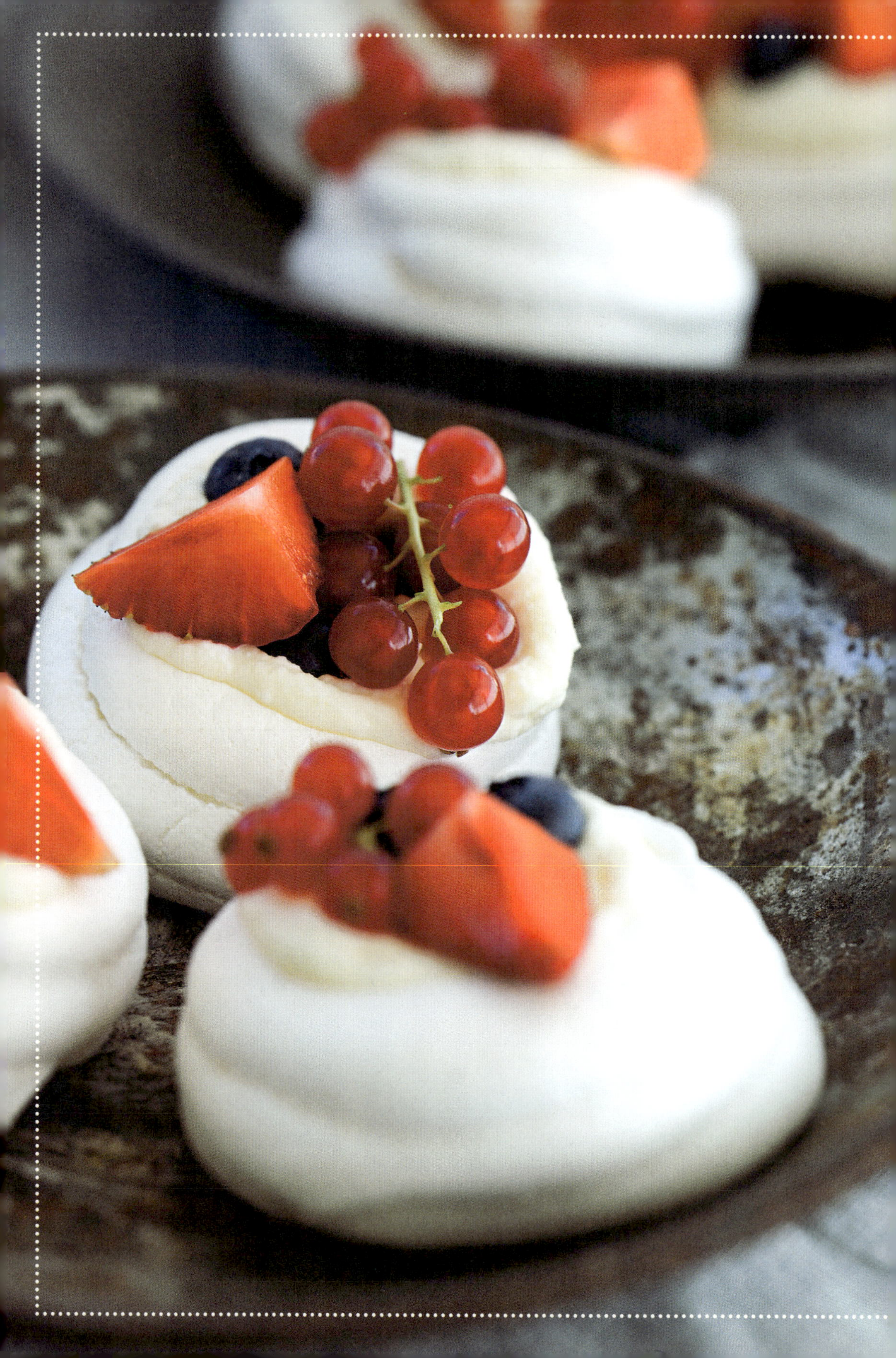

MINIPAVLOVA
MED CITRON- OCH MASCARPONEKRÄM
6–8 stycken

Tänk på att bunken ska vara ren och torr när du gör maräng. En liten droppe vatten kan förstöra marängen!

MARÄNGER:
3 ÄGGVITOR, RUMSVARMA
3 DL STRÖSOCKER
1 TSK PRESSAD CITRONSAFT
1 MSK MAIZENA

CITRON- OCH MASCARPONE-KRÄM:
2 ½ DL VISPGRÄDDE
250 G MASCARPONE
3 MSK LEMON CURD,
 HELST HEMGJORD,
 SE RECEPT PÅ SIDAN 148

GARNERING:
FÄRSKA BÄR, T EX
 JORDGUBBAR, RÖDA VIN-
 BÄR OCH BLÅBÄR

MARÄNGER:
1. Sätt ugnen på 150°.
2. Vispa äggvitorna tills de blir vita och fasta, det tar cirka 3 minuter.
3. Tillsätt socker och citronsaft och vispa tills blandningen har blivit glansig, cirka 3–4 minuter.
4. Rör ner maizenan.
5. Lägg marängen i en spritspåse eller liten plastpåse, klipp ett litet hål och spritsa ut marängbottnar på en plåt med bakplåtspapper, bottnarna ska vara cirka 10 centimeter i diameter. Se till att det blir en kant på dem så det går att fylla dem när de är gräddade.
6. Grädda i 15 minuter, sänk värmen till 100° och grädda i ytterligare 30 minuter. Låt svalna på ett galler.

CITRON- OCH MASCARPONEKRÄM:
1. Vispa grädden.
2. Blanda mascarpone och lemon curd.
3. Vänd försiktigt ner den vispade grädden, lite i taget.

MONTERING:
1. Fyll en spritspåse med krämen och fyll marängerna.
2. Garnera med bär.

SMÅ SOCKERKAKOR MED CHOKLAD
cirka 40 kakor

Du behöver en minisockerkaksform för att göra de här små godingarna, en bra investering för jag tycks aldrig tröttna! Har du ingen så använd en vanlig sockerkaksform och grädda i cirka 40 minuter, eller tills provstickan är torr.

3 ÄGG
3 DL STRÖSOCKER
1 TSK VANILJPULVER
2 DL VETEMJÖL
1 DL KAKAO
1 TSK BIKARBONAT
1 TSK HAVSSALT
2 DL GRÄDDFIL
1 DL RAPSOLJA
SMÖR OCH STRÖBRÖD TILL FORMEN

GARNERING:
KAKAO

1. Sätt ugnen på 175°.
2. Vispa ägg, socker och vaniljpulver vitt och poröst med elvisp.
3. Sikta mjöl, kakao och bikarbonat ner i en skål. Blanda i saltet.
4. Tillsätt mjölblandning, gräddfil och olja i äggvispet genom att varva ingredienserna och blanda på låg hastighet.
5. Smörj och bröa en minisockerkaksform och spritsa smeten i formarna, fyll dem till två tredjedelar (grädda i två omgångar).
6. Grädda i cirka 10 minuter. Tryck lätt på en kaka, studsar den tillbaka är den klar.
7. Låt svalna i formen innan du försiktigt tar ut dem.
8. Pudra med kakao och servera.

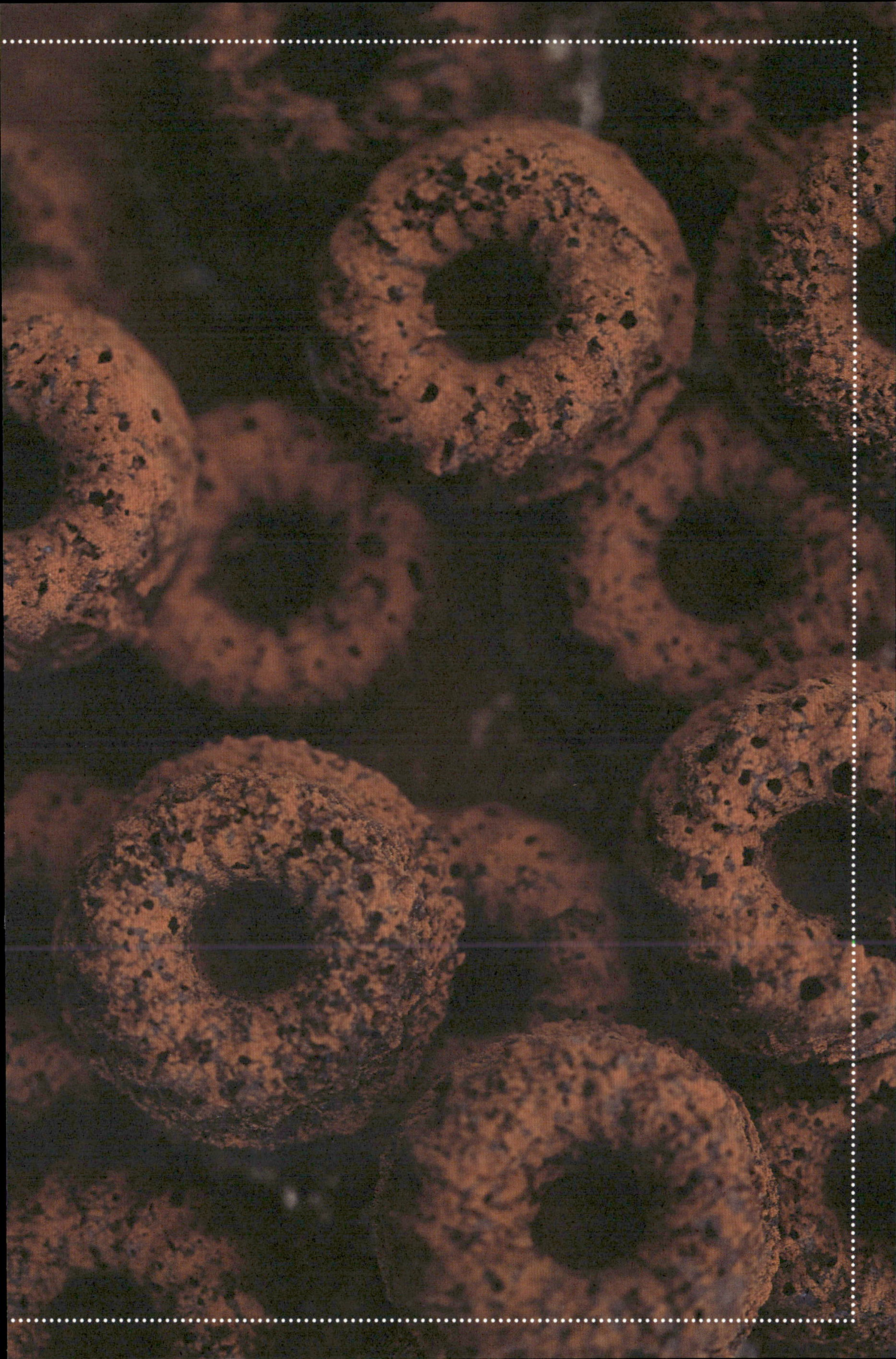

AMERICAN INDIA INK
WATERPROOF DRAWING INK
CHAS. M. HIGGINS & Co. MFR'S
NEW YORK—CHICAGO—LONDON
MAIN OFFICE AND FACTORY
BROOKLYN, N.Y., U.S.A.

CAKE POPS MED CHOKLAD OCH CHILI
cirka 25 klubbor

Cake pops är nog en av de mest uppskattade godsaker man kan bjuda på. De är så otroligt söta och enkla att ställa fram, och perfekta om du har lite sockerkaka, brownies eller cupcakes över i frysen. Överraska dina vänner och släng i lite chili!

6 CHOKLADCUPCAKES-
BOTTNAR, SE RECEPT PÅ
SIDAN 96
FÄRSKOSTFROSTING,
SE RECEPT PÅ SIDAN 26
1 TSK CHILIPULVER
200 G MÖRK CHOKLAD
SMAKSATT MED CHILI

1. Smula bottnarna fint ner i en bunke.
2. Blanda smulorna med frosting och chilipulver, det ska vara ungefär lika mycket frosting som smulor och bli en smidig deg.
3. Rulla till bollar och sätt en godispinne i varje. Låt stå i kylen cirka 30 minuter.
4. Smält chokladen över ett vattenbad.
5. Doppa bollarna i chokladen, låt överflödig choklad droppa av och ställ på en plåt med bakplåtspapper. Låt torka.

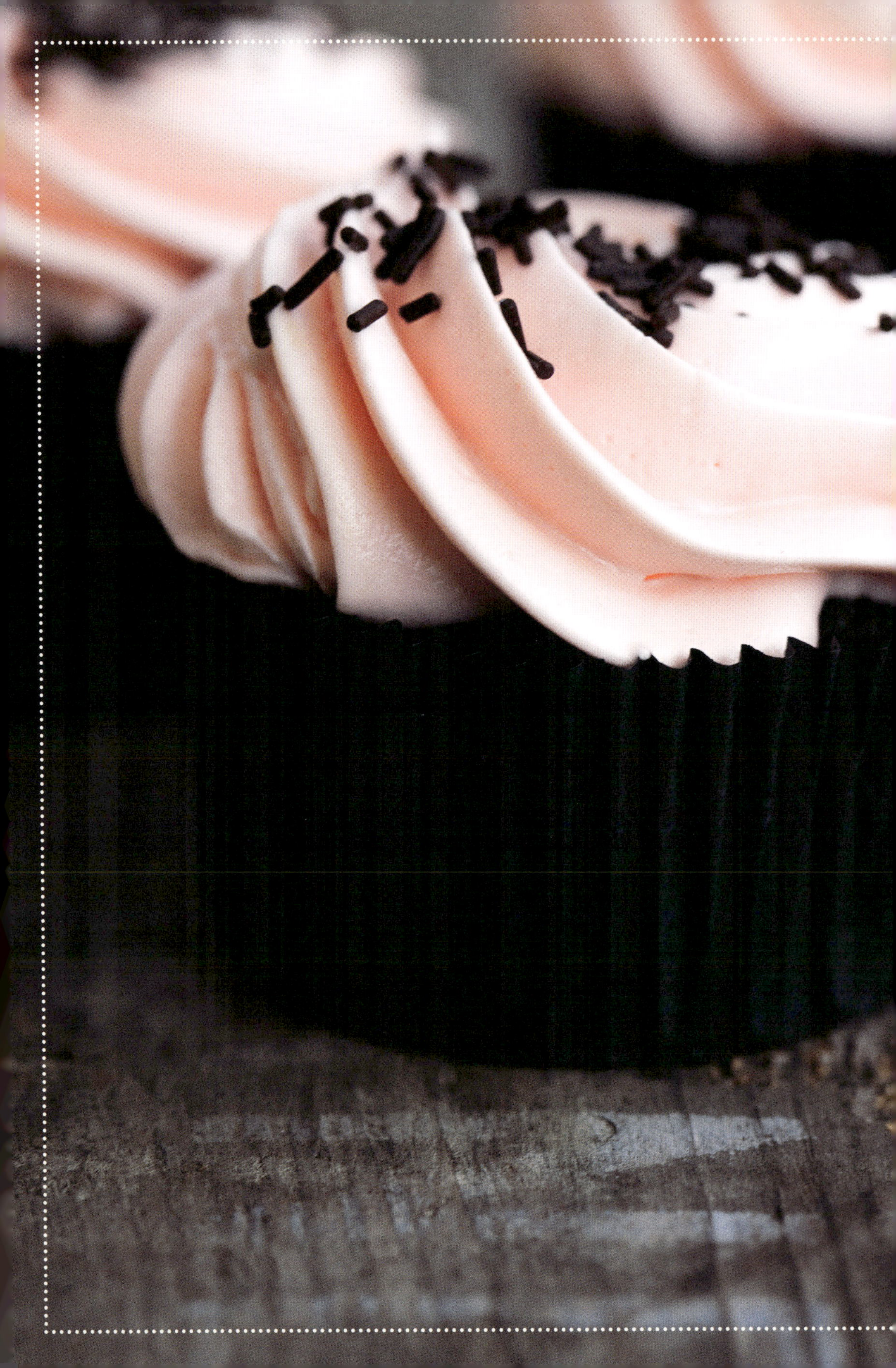

JORDGUBBS- OCH CHOKLADCUPCAKES
cirka 18 cupcakes

En perfekt cupcake! Alla älskar choklad och jordgubbar …

1 SATS CHOKLADCUPCAKES-
   BOTTNAR, SE RECEPT PÅ
   SIDAN 96
½ LITER FÄRSKA JORDGUBBAR

SMÖRKRÄMSFROSTING:
250 G OSALTAT SMÖR,
   RUMSVARMT
500 G FLORSOCKER
½ TSK VANILJPULVER
5 MSK MJÖLK
3 MSK PRESSAD CITRONSAFT
½ DL JORDGUBBSSYLT
EV RÖD LIVSMEDELSFÄRG

GARNERING:
STRÖSSEL

BOTTNAR:
1. Gör cupcakessmeten.
2. Skiva jordgubbarna.
3. Sätt muffinsformar i en muffinsplåt (grädda i två omgångar). Varva smet och jordgubbar i formarna.
4. Grädda i cirka 15–17 minuter.
5. Ta försiktigt bottnarna ur plåten och ställ på ett galler. Låt svalna.

SMÖRKRÄMSFROSTING:
1. Vispa smöret på hög hastighet med elvisp eller i köksassistent tills det blir slätt.
2. Tillsätt socker och vaniljpulver och fortsätt vispa på hög hastighet.
3. Sänk hastigheten och tillsätt mjölken.
4. Höj hastigheten igen och vispa tills krämen är fluffig, cirka 5 minuter.
5. Blanda i citronsaft och sylt. Smaka eventuellt av med lite mer citronsaft. Tillsätt eventuellt en droppe röd färg om du vill ha frostingen mer rosa.
6. Spritsa eller bred frostingen på bottnarna. Garnera med strössel.

SMÅ SOCKERKAKOR MED FLÄDER
cirka 40 kakor

Flädersaft och sockerkaka är svensk sommar för mig. Till det här receptet brukar jag använda en bakplåt som har 24 små formar och grädda minisockerkakorna i två omgångar. Det går förstås bra att grädda i en vanlig sockerkaksform istället, cirka 40 minuter.

3 DL KONCENTRERAD FLÄDERBLOMSSAFT
3 ÄGG
2 DL STRÖSOCKER
1 TSK VANILJPULVER
60 G OSALTAT SMÖR
1 DL STANDARDMJÖLK
3 DL VETEMJÖL
2 TSK BAKPULVER
½ TSK SALT
2 TSK CITRONZEST
SMÖR OCH STRÖBRÖD TILL FORMEN

1. Sätt ugnen på 175°.
2. Koka fläderblomssaften tills den har reducerats till cirka ½ dl. Låt svalna.
3. Vispa ägg, socker och vaniljpulver ljust och fluffigt.
4. Smält smöret och blanda med mjölken.
5. Rör ner blandningen i äggvispet.
6. Blanda mjöl, bakpulver och salt och sikta ner i blandningen lite i taget. Rör till en jämn smet.
7. Tillsätt citronzest och den reducerade saften.
8. Smörj och bröa en minisockerkaksform. Spritsa smet i varje form, fyll dem till två tredjedelar.
9. Grädda i cirka 10 minuter.
10. Låt kakorna svalna i sina formar innan du försiktigt tar upp dem med en kniv.

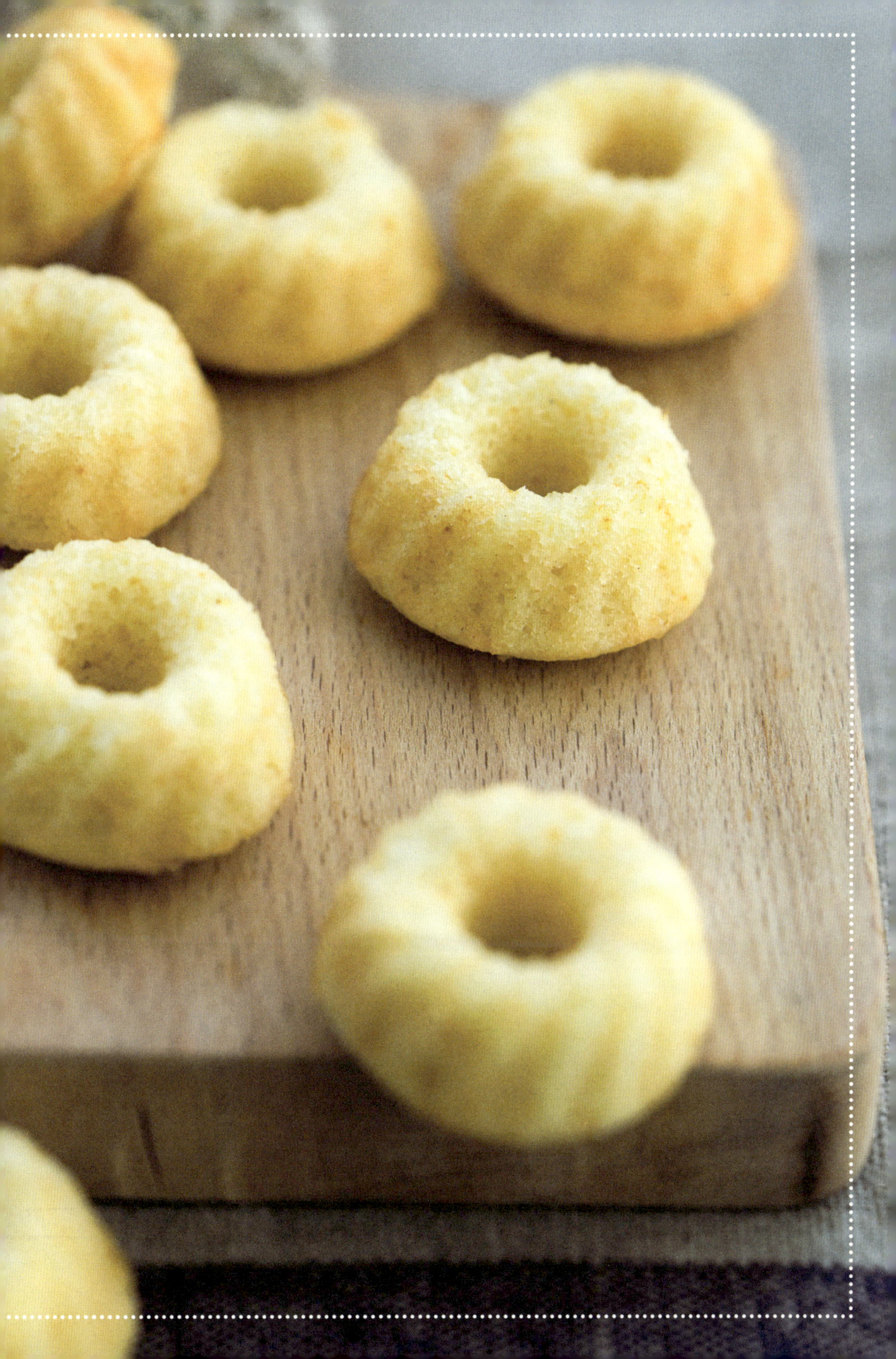

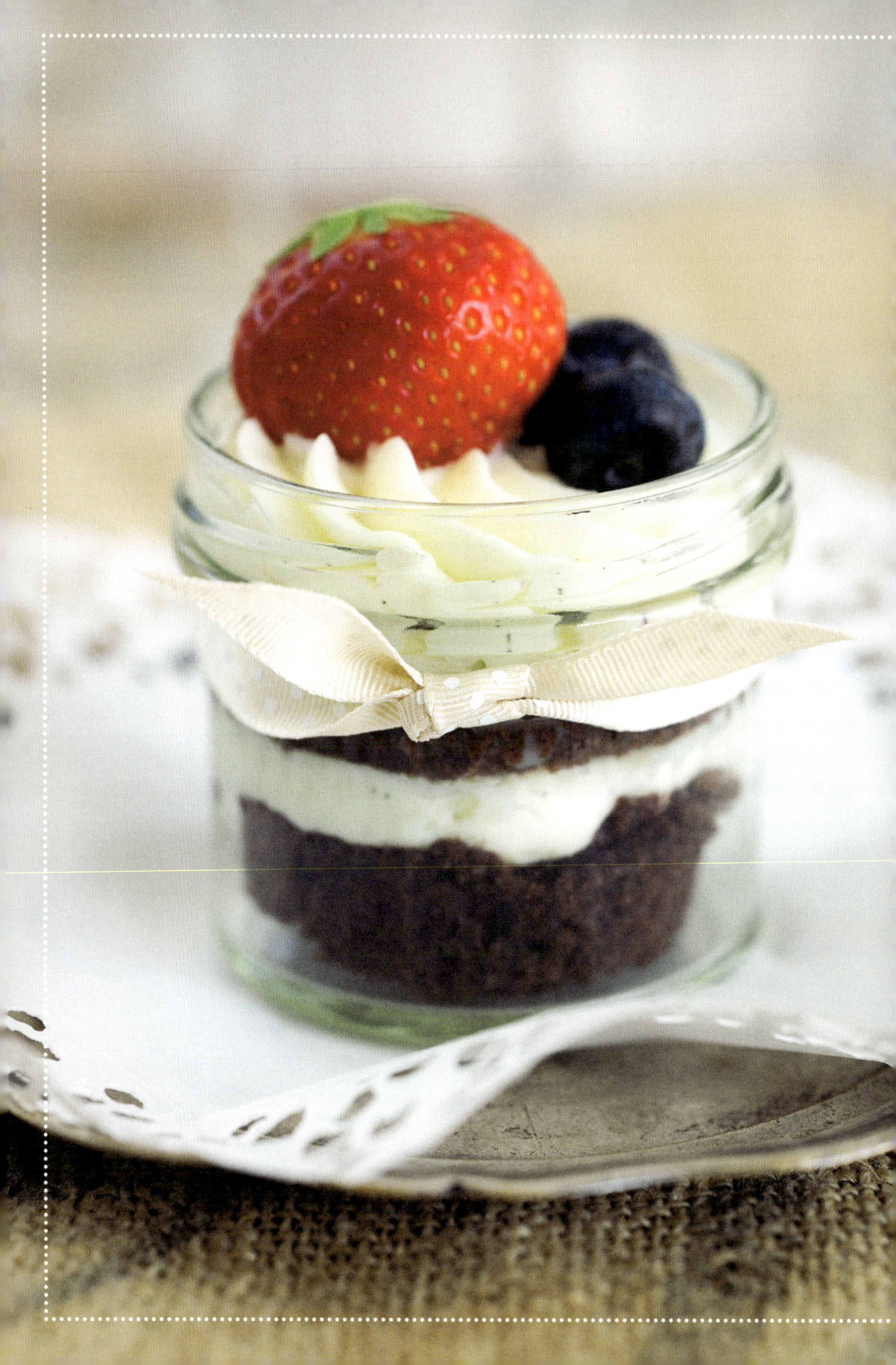

SMÅ TÅRTOR MED MASCARPONEKRÄM I BURKAR
6 portioner

Finns det något finare sätt att servera cupcakes? En underbar gåva både att ge bort och att få. Spara glasburkar så du får en samling med olika storlekar och former som du kan fylla med små tårtor.

½ SATS CHOKLADCUPCAKES-
BOTTNAR, SE RECEPT PÅ
SIDAN 96
CITRON- OCH MASCARPONE-
KRÄM, SE RECEPT PÅ
SIDAN 85
GARNERING:
STRÖSSEL ELLER FÄRSKA BÄR

1. Gör cupcakessmeten.
2. Sätt muffinsformar i en muffinsplåt och fördela smeten i formarna.
3. Grädda i 15–17 minuter. Ta bottnarna ur plåten och låt dem svalna.
4. Gör citron- och mascarponekrämen.
5. Skär bottnarna i två delar. Lägg bottendelarna i burkar, spritsa eller klicka ut lite kräm på dem och lägg på överdelarna. Spritsa eller klicka på mer kräm.
6. Garnera med strössel eller bär.

CHOKLADCUPCAKES
12 cupcakes

Dekadens i en cupcake – dubbelt upp med choklad är dubbel glädje!

BOTTNAR:
- 3 DL VETEMJÖL
- 2 DL FARINSOCKER
- 6 MSK KAKAO
- 1 TSK BAKPULVER
- 1 TSK VANILJPULVER
- 2 ÄGG
- 2 DL VATTEN
- 1 DL RAPSOLJA
- 1 MSK VITVINSVINÄGER

CHOKLADFROSTING:
- 1 SATS SMÖRKRÄMSFROSTING, SE RECEPT PÅ SIDAN 91, MEN UTESLUT PRESSAD CITRONSAFT, SYLT OCH FÄRG
- 8 MSK KAKAO
- 2 MSK KAFFE, KALLT

GARNERING:
- GULDSTRÖSSEL

BOTTNAR:
1. Sätt ugnen på 175°.
2. Blanda alla torra ingredienser i en skål.
3. Blanda resten av ingredienserna i en annan skål.
4. Häll vätskan över de torra ingredienserna och rör till en jämn smet.
5. Sätt muffinsformar i en muffinsplåt och fyll formarna till hälften med smet.
6. Grädda i cirka 15–17 minuter.
7. Ta försiktigt bottnarna ur plåten och ställ på ett galler. Låt svalna.

CHOKLADFROSTING:
1. Gör smörkrämsfrostingen.
2. Rör frosting, kakao och kaffe slätt.
3. Spritsa eller klicka ut frostingen på bottnarna. Garnera med strössel.

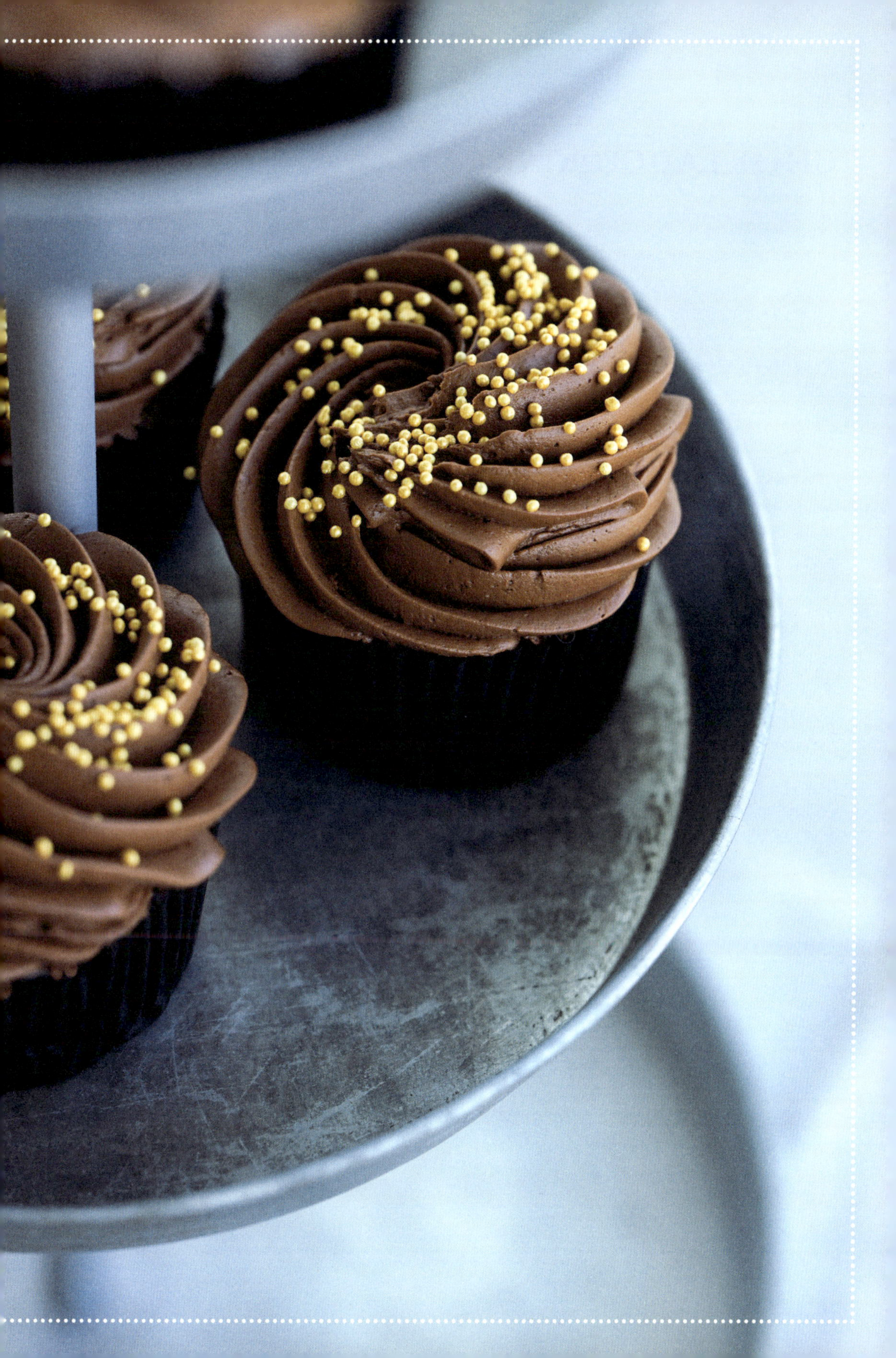

Mjuka bitar

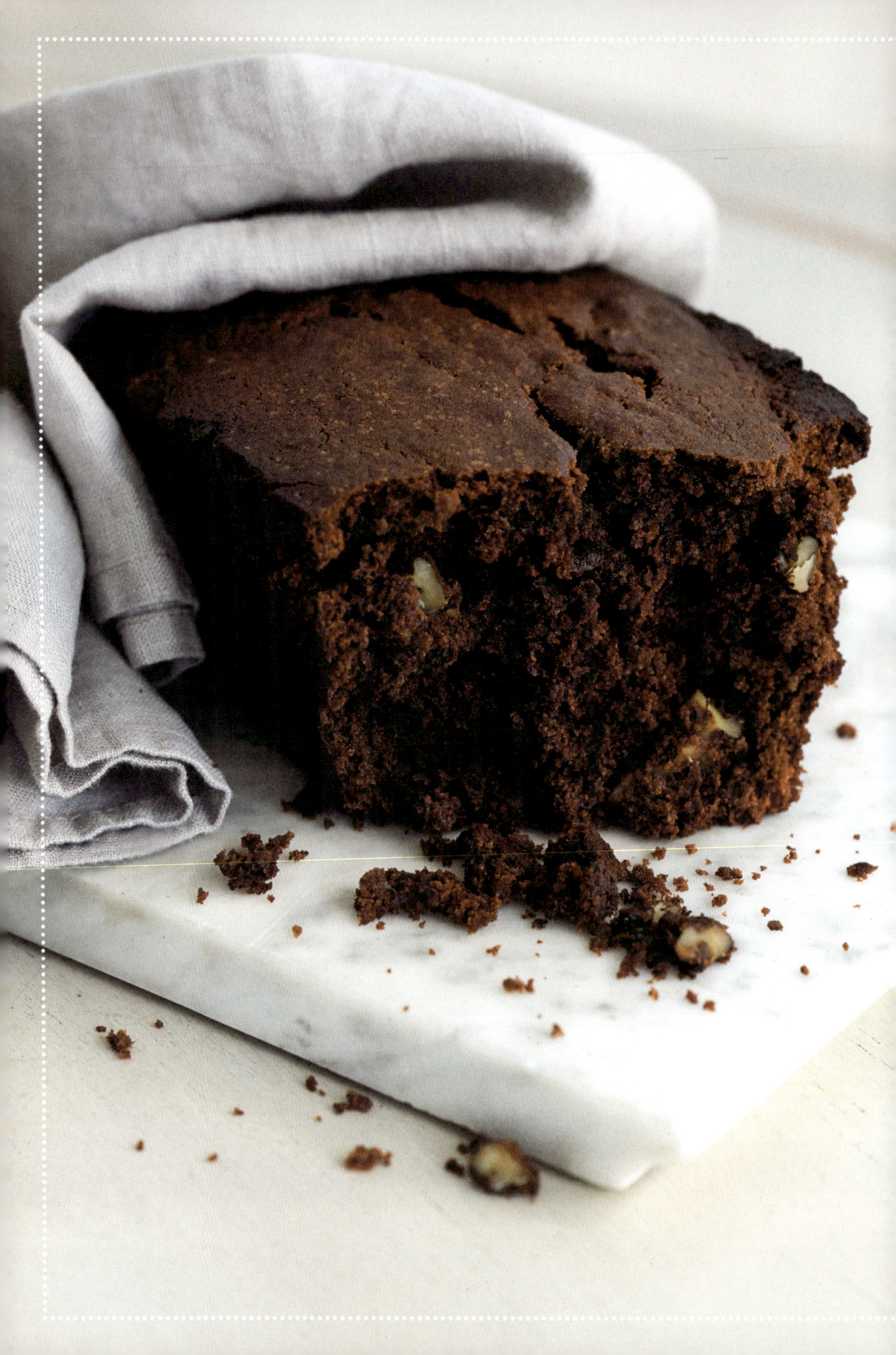

BROWNIE- OCH VALNÖTSLIMPA
8–10 skivor

Baka din brownie som en limpa nästa gång, den är enkel att förvara och kul att äta som en sockerkaka. Den råkar dessutom smaka hur bra som helst!

2 DL VALNÖTTER
2 ÄGG
3 DL STRÖSOCKER
1 TSK VANILJPULVER
2 DL VETEMJÖL
1 DL KAKAO
1 TSK BIKARBONAT
1 TSK HAVSSALT
2 DL GRÄDDFIL
1 DL RAPSOLJA
SMÖR OCH STRÖBRÖD TILL FORMEN

1. Sätt ugnen på 175°.
2. Rosta nötterna i en torr panna, låt dem svalna och hacka dem grovt.
3. Vispa ägg, socker och vaniljpulver vitt och poröst.
4. Sikta mjöl, kakao och bikarbonat ner i en skål. Blanda i saltet.
5. Tillsätt mjölblandning, gräddfil och olja i äggvispet genom att varva ingredienserna och blanda på låg hastighet.
6. Vänd ner valnötterna och rör med en slev eller slickepott tills smeten är jämn.
7. Smörj och bröa en avlång brödform som rymmer 1 ½–2 liter och häll smeten i formen.
8. Grädda i cirka 1 timme. Stick ner en provsticka mitt i kakan, när den är torr kan du ta ut limpan.
9. Låt limpan svalna i formen innan du försiktigt vänder ur den.

CHURROS MED GANACHE
cirka 6 portioner

Spaniens motsvarighet till munkar. När jag bodde i Barcelona drogs churrosvagnarna fram nattetid när spanjorerna var sugna på vickning.

2 ½ DL VATTEN
125 G SMÖR, TÄRNAT
1 KRM SALT
1 MSK STRÖSOCKER
2 DL VETEMJÖL
3 ÄGG
1 LITER RAPSOLJA
   TILL FRITERING
MALEN KANEL
STRÖSOCKER

TILL SERVERING:
GANACHE, SE RECEPT PÅ
   SIDAN 148

1. Hetta upp vatten, smör, salt och socker i en kastrull under omrörning.
2. Ta kastrullen från värmen när vattnet börjar koka och smöret smält.
3. Vispa ner mjölet lite i taget till en jämn smet.
4. Sätt tillbaka kastrullen på plattan och rör i ungefär 30 sekunder tills det bildas en deg som släpper lätt från bottnen.
5. Ta kastrullen från värmen och låt svalna i 5 minuter.
6. Tillsätt äggen, ett i taget och under omrörning. Rör tills degen blir blank och spritsbar.
7. Värm oljan i en kastrull till 180°. Fyll en spritspåse med smeten, använd en stjärntyll som är 8 millimeter.
8. Spritsa ner 3–4 centimeter långa bitar av smeten i oljan. Fritera tills churron fått fin brun färg. Ta upp och lägg på hushållspapper så att överflödig olja rinner av.
9. Blanda kanel och socker och rulla churrosen i kanelsockret.

Servera med ganache.

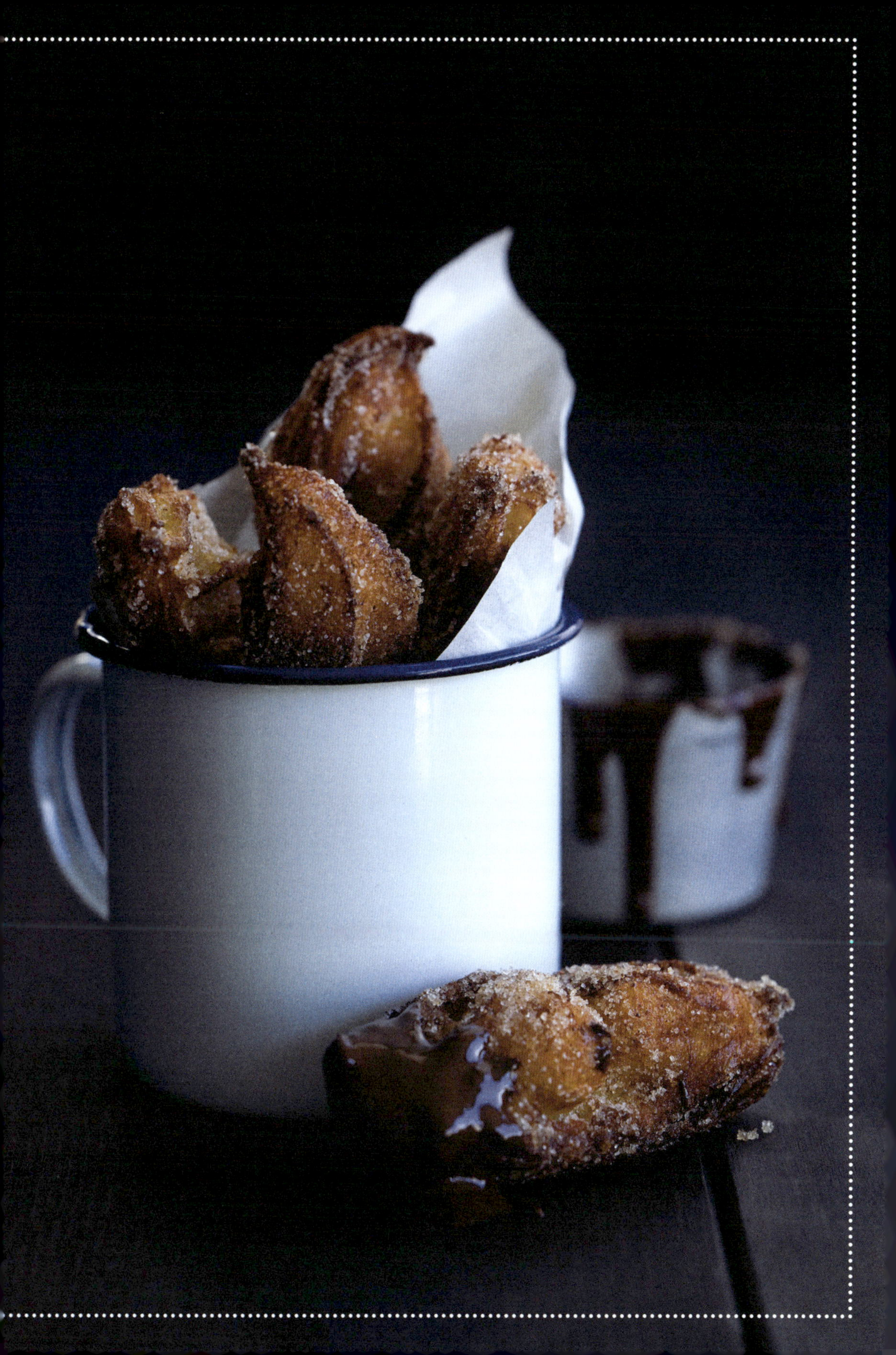

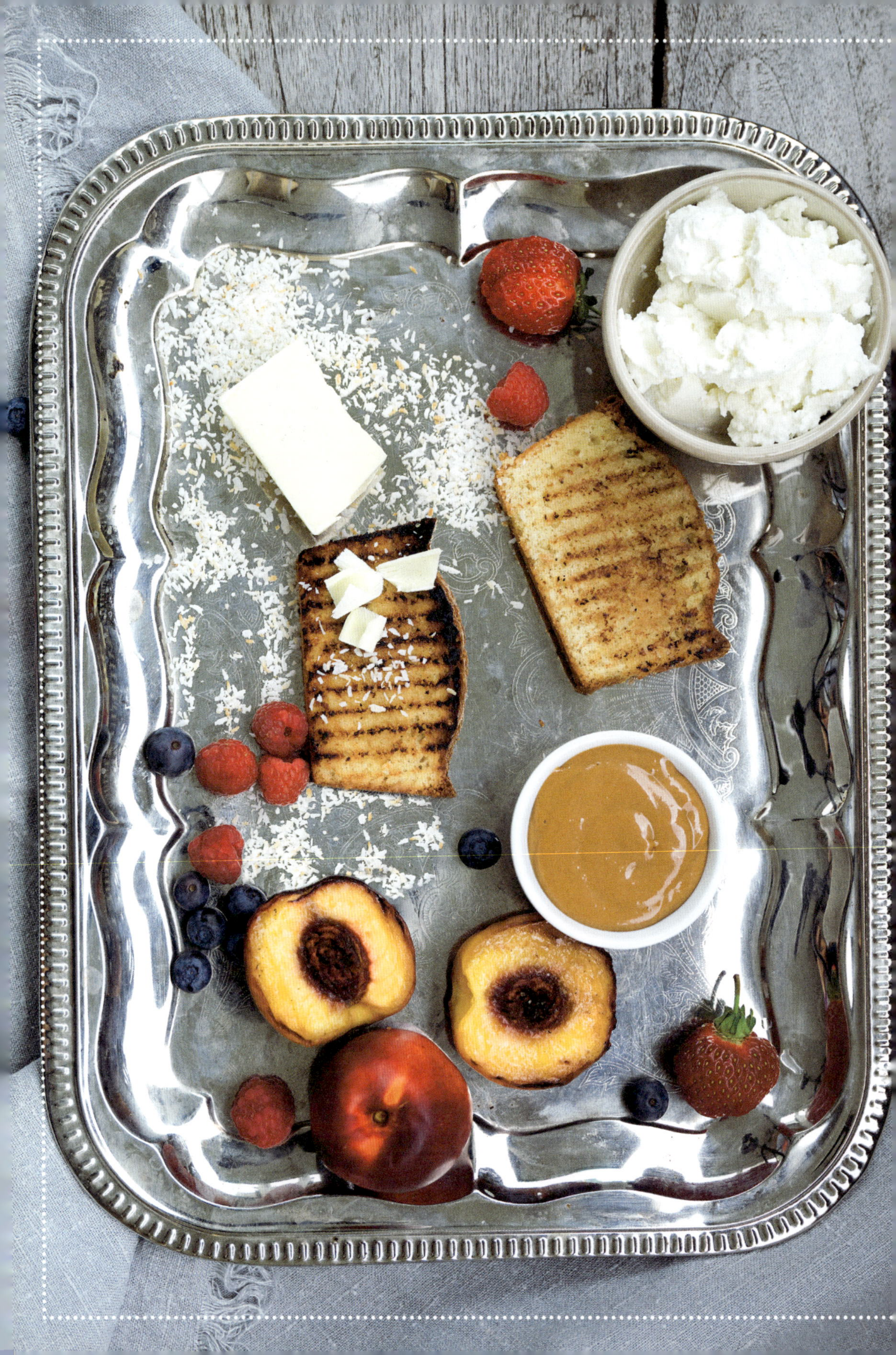

SOCKERKAKA OCH PERSIKA MED DULCE DE LECHE OCH RICOTTAKRÄM

4 portioner

Den ultimata avslutningen på en grillkväll! Förbered tillbehören före middagen. Sockerkakan kan göras dagen före. Grilla sockerkakan över medelvärme på en inomhus- eller utomhusgrill.

2 MOGNA PERSIKOR
½ SOCKERKAKA, SE RECEPT PÅ SIDAN 109, MEN UTESLUT KOKOSFLINGORNA
50 G SMÖR
RÖRSOCKER

RICOTTAKRÄM:
200 G RICOTTA
½ DL FLORSOCKER
1 TSK VANILJSOCKER

TILL SERVERING:
VIT CHOKLAD
½ BURK DULCE DE LECHE, SE RECEPT PÅ SIDAN 149
FÄRSKA BÄR

1. Dela persikorna och ta ur kärnorna.
2. Skär fyra skivor sockerkaka.
3. Smält smöret och pensla sockerkaka och persika, häll på lite rörsocker och lägg på grillen. Vänd när de fått fin färg.
4. Vispa ingredienserna till ricottakrämen med en elvisp till en jämn kräm.

Servera sockerkaka och persika på ett fat tillsammans med riven vit choklad, dulce de leche, ricottakräm och bär.

FRANSKA KANELBULLAR
cirka 10 bullar

Mumsiga knapriga kanelbullar gjorda på smördeg. Perfekt för frankofilen som inte vill kompromissa! Du slänger ihop dem på nolltid.

½ DL STRÖSOCKER
½ DL RÖRSOCKER
1 MSK MALEN KANEL
50 G SMÖR
200 G MÖRK CHOKLAD
1 PAKET SMÖRDEGSPLATTOR (425 G), TINADE

1. Sätt ugnen på 200°.
2. Blanda socker och kanel i en liten skål.
3. Smält smöret i en kastrull och chokladen över ett vattenbad eller i mikro.
4. Pensla smördegsplattorna med smöret.
5. Pensla på rikligt med choklad och strö över nästan allt kanelsocker.
6. Rulla ihop plattorna från kortsidan. Dela varje rulle i 2 bitar.
7. Sätt bitarna med snittytan uppåt i muffinsformar i en muffinsplåt. Strössla resterande kanelsocker på toppen.
8. Grädda tills bullarna är gyllenbruna, i cirka 30 minuter. Låt svalna.

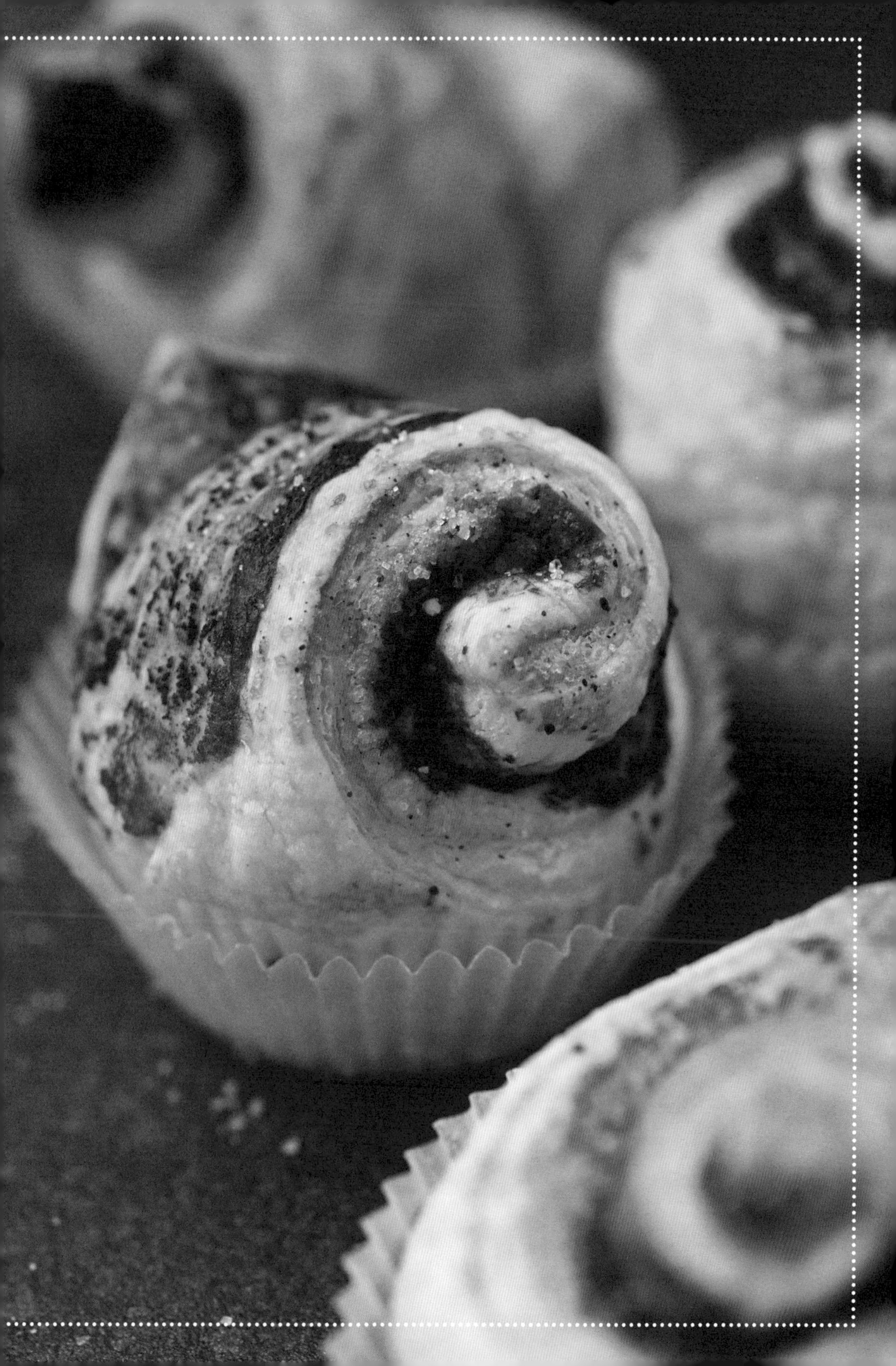

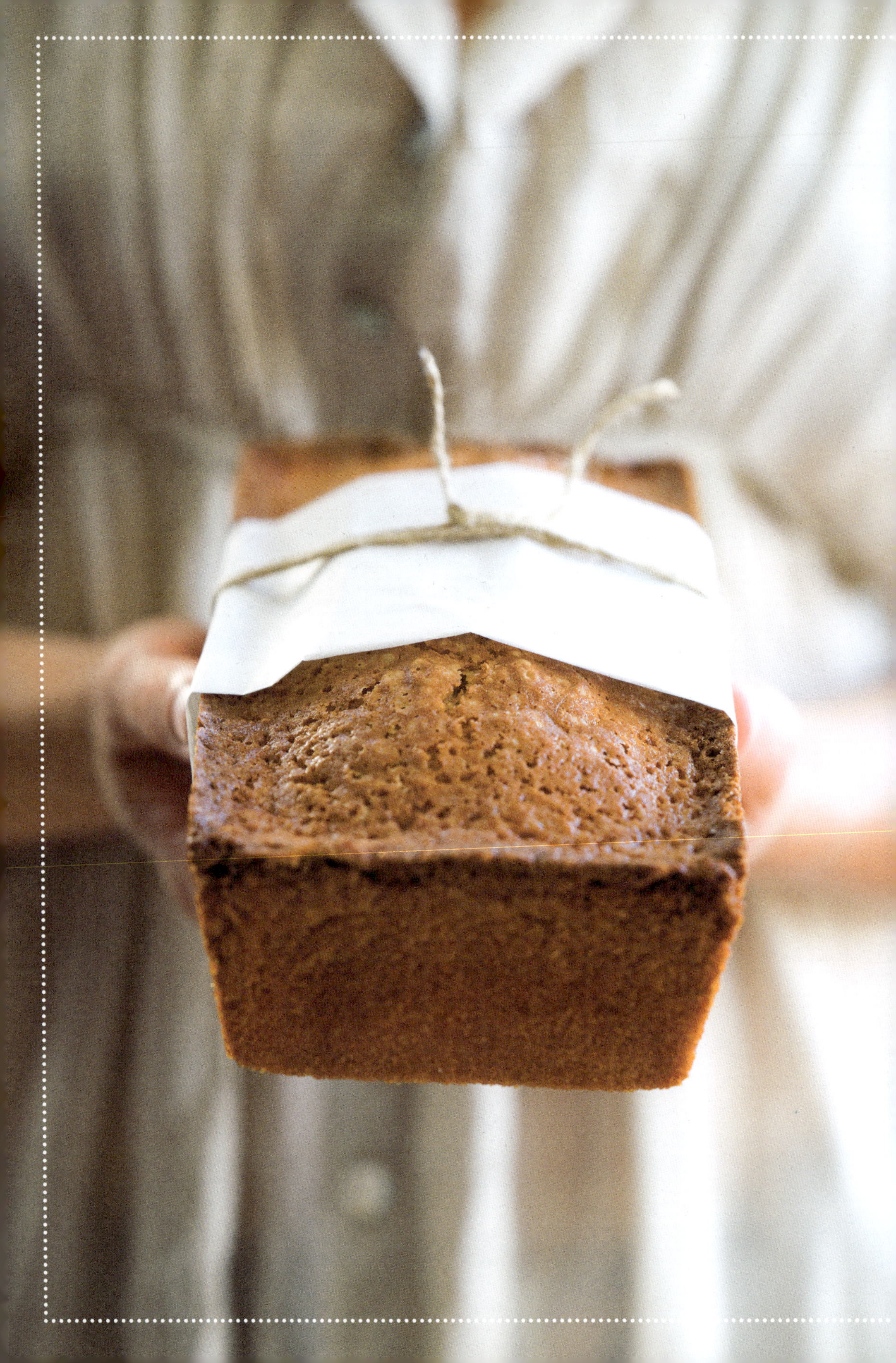

KOKOSKAKA
8–10 skivor

Krispig kokoskaka som är god som den är och ännu godare med grädde och bär.

SMÖR OCH STRÖBRÖD
TILL FORMEN
2 DL KOKOSFLINGOR
200 G SMÖR, RUMSVARMT
2 DL STRÖSOCKER
3 ÄGG
2 DL VETEMJÖL
½ TSK VANILJPULVER
1 ½ TSK BAKPULVER
½ TSK SALT
1 CITRON, ZEST

1. Sätt ugnen på 160°. Smörj och bröa en avlång brödform som rymmer 1 ½–2 liter.
2. Rosta kokosflingorna i en torr panna tills de fått lite färg.
3. Vispa smör och socker med elvisp tills det är fluffigt.
4. Tillsätt äggen ett i taget och vispa tills blandningen är jämn och fin.
5. Sikta mjöl, vaniljpulver, bakpulver och salt och vänd ner i blandningen lite i taget. Rör om försiktigt eller vispa på låg hastighet.
6. Rör ner citronzest och kokos.
7. Häll smeten i formen och grädda i cirka 50 minuter eller tills provstickan är torr. Låt kakan svalna och ta den sedan ur formen.

CHOKLADKAKA MED VIT CHOKLADGANACHE
8–10 portioner

Fluffig chokladkaka som blir extra piffig med härlig ganache. Vill du inte ha vit choklad kan du använda mörk choklad istället. Garnera gärna med färska bär.

KAKA:
- SMÖR TILL FORMEN
- 2 ÄGG
- 3 DL STRÖSOCKER
- 1 TSK VANILJPULVER
- 2 ½ DL VETEMJÖL
- 1 DL KAKAO
- 1 TSK BIKARBONAT
- ½ TSK SALT
- 2 DL GRÄDDFIL
- 1 DL RAPSOLJA

VIT CHOKLADGANACHE:
- 3 DL VISPGRÄDDE
- 300 G VIT CHOKLAD

TIPS: HÄLL GÄRNA GANACHEN ÖVER KAKAN VID SERVERING. VILL MAN INTE HA GANACHE PÅ KAKAN KAN MAN SERVERA DEN VID SIDAN OM I EN FIN LITEN KANNA.

KAKA:
1. Sätt ugnen på 175°. Smörj en sockerkaksform som rymmer 1 ½ liter.
2. Vispa ägg, socker och vaniljpulver ljust och fluffigt.
3. Sikta ner mjöl, kakao, bikarbonat och salt i en bunke.
4. Tillsätt mjölblandning, gräddfil och olja i äggvispet genom att varva ingredienserna och blanda på låg hastighet.
5. Häll smeten i formen och grädda i ugnen i cirka 50–60 minuter. Stick ner en provsticka i mitten av kakan, när den är torr är kakan färdig.
6. Ställ kakan på ett galler och låt svalna helt i formen. Vänd den sedan upp och ner och knacka försiktigt ut den.

VIT CHOKLADGANACHE:
1. Värm grädden i en kastrull.
2. Bryt chokladen i bitar och lägg i en bunke. Häll över den varma grädden och blanda tills chokladen har smält.
3. Låt ganachen bli ljummen innan du häller den över kakan.

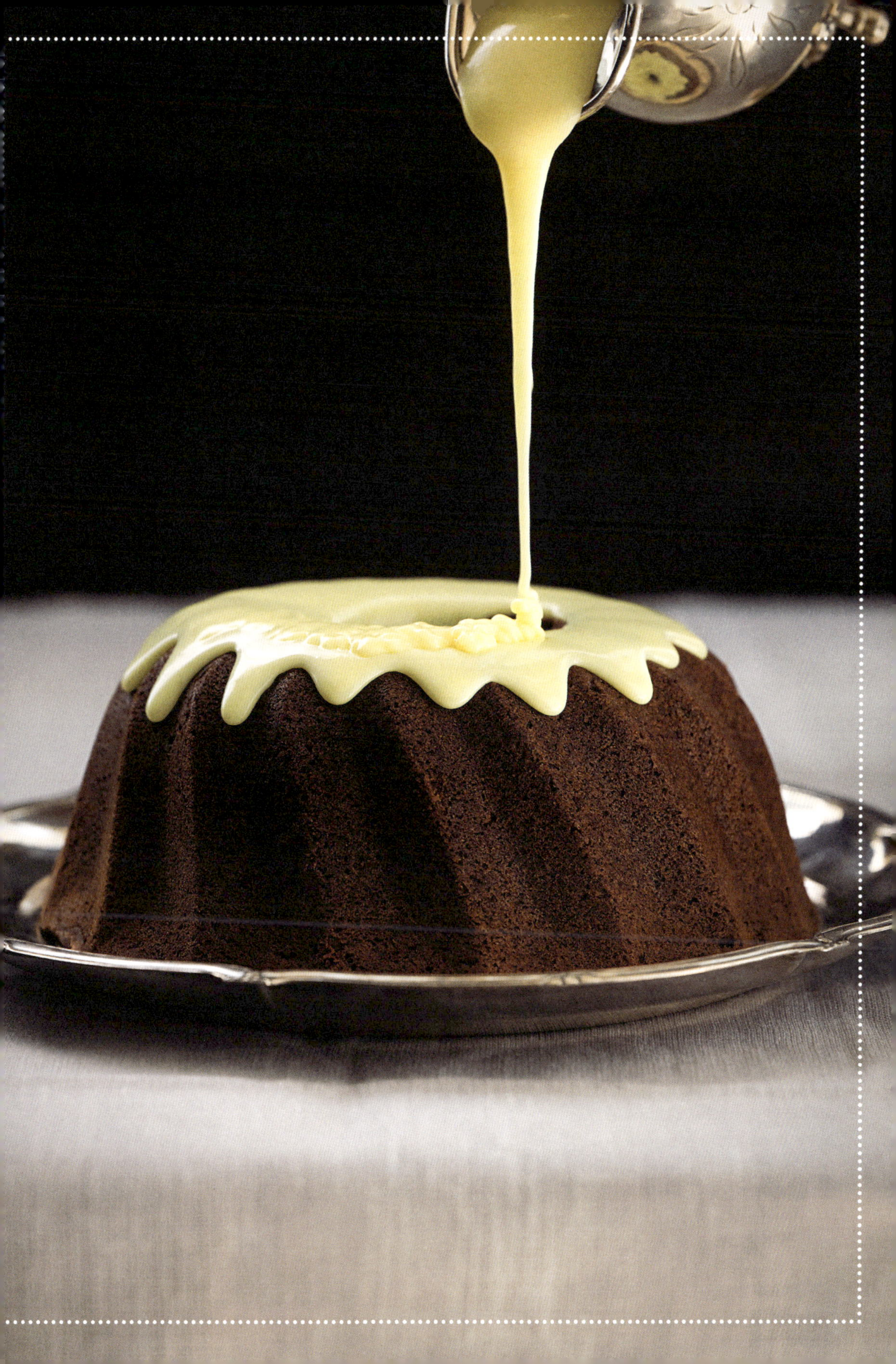

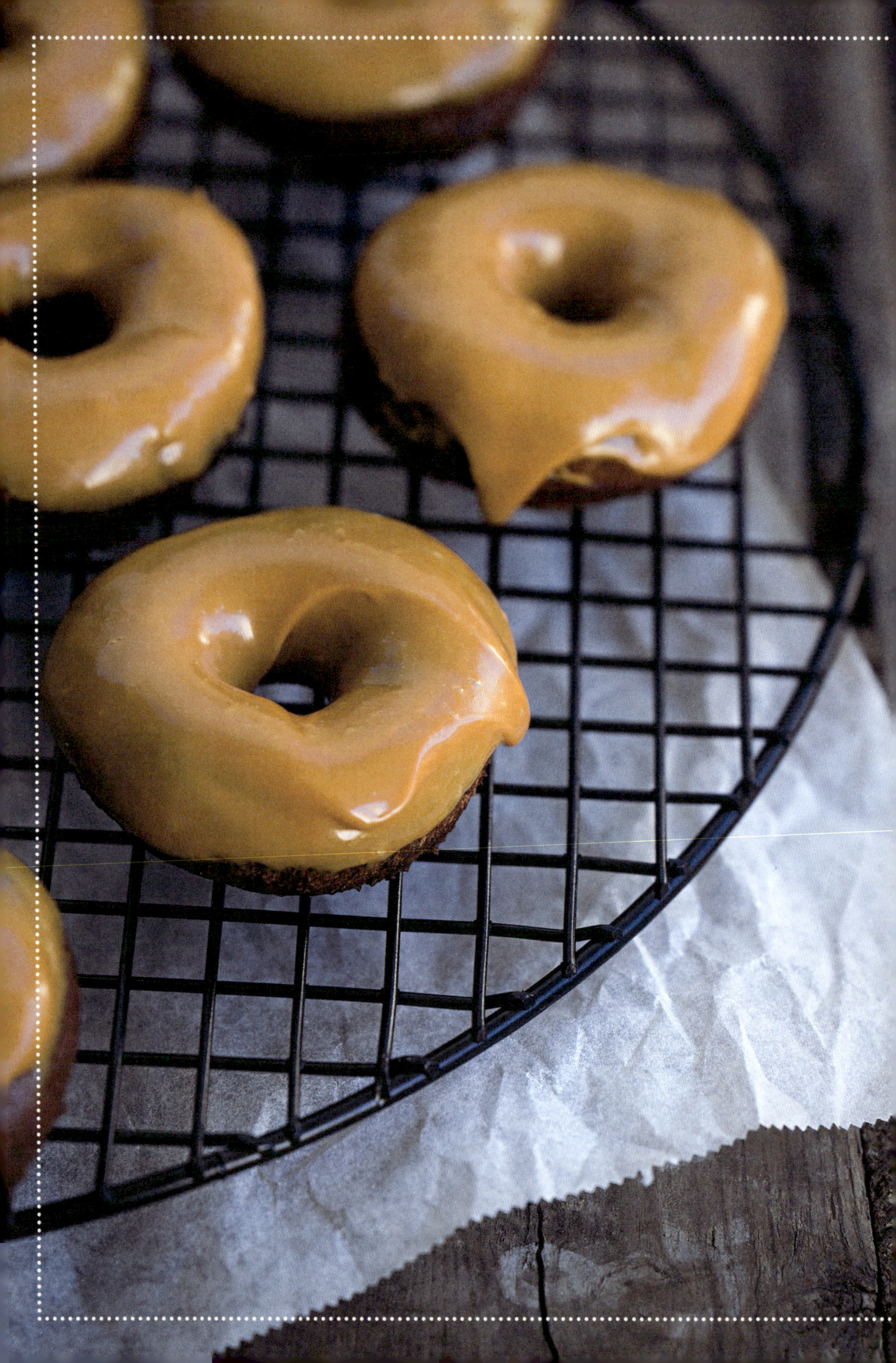

CHOKLADMUNKAR MED DULCE DE LECHE
cirka 25 munkar

Chokladmunkar som jag doppar i dulce de leche, det vill säga kondenserad mjölk som kokat tills den blivit en härlig kolasås. Det går också bra att doppa munkarna i ganache eller att vända dem i kanelsocker.

1 ½ DL MJÖLK
50 G FÄRSK JÄST
1 ½ DL STRÖSOCKER
2 ÄGG
7 ½ DL VETEMJÖL
1 ½ DL KAKAO
1 ½ TSK SALT
100 G SMÖR, RUMSVARMT
CA 1 LITER RAPSOLJA
   TILL FRITERING

TILL SERVERING:
1 BURK DULCE DE LECHE,
   SE RECEPT PÅ SIDAN 149

1. Värm mjölken i en kastrull tills den är 37°.
2. Smula jästen i en bunke och häll över mjölken samt 1 msk av sockret. Rör tills jästen har lösts upp.
3. Blanda ner resten av sockret och ägg, mjöl, kakao, salt och smör.
4. Arbeta degen i cirka 15 minuter för hand. Lägg över en kökshandduk och låt jäsa i 1 timme.
5. Lägg degen på en mjölad yta och kavla ut den tunt, cirka 2 centimeter. Forma till munkar med hjälp av utstickare i två olika storlekar.
6. Låt munkarna jäsa 30 minuter.
7. Värm oljan till 180°. Kolla temperaturen med en termometer och se till att oljan inte blir för het.
8. Fritera några munkar i taget i cirka 1 minut på varje sida, låt dem svalna på hushållspapper.
9. Vispa dulce de lechen så den blir mjuk och lättanvänd. Doppa översidan av munkarna i kolasåsen.

Servera direkt!

Tårtor

GANACHETÅRTA MED SIRAPSSMÖRKRÄM OCH KÖRSBÄR
6–8 bitar

En tårta som fullkomligt smälter i munnen! Chokladbottnen, ganachen och sirapssmörkrämen i kombination är oslagbart.

BOTTNAR:
SMÖR TILL FORMEN
130 G MÖRK CHOKLAD
130 G SMÖR, RUMSVARMT
3 TSK SNABBKAFFEPULVER
2 ½ DL VETEMJÖL
1 TSK BAKPULVER
½ TSK SALT
¼ TSK BIKARBONAT
1 DL KAKAO
3 ½ DL STRÖSOCKER
2 ÄGG
1 DL CRÈME FRAICHE
1 DL VATTEN
2 MSK RAPSOLJA

GANACHE:
SE RECEPT PÅ SIDAN 148

SIRAPSSMÖRKRÄM:
250 G OSALTAT SMÖR, RUMSVARMT
3 DL FLORSOCKER
½ TSK VANILJPULVER
5 MSK STANDARDMJÖLK
1 TSK CITRONZEST
1 DL LÖNNSIRAP

GARNERING:
FÄRSKA KÖRSBÄR

BOTTNAR:
1. Sätt ugnen på 160°. Smörj en bakform som är cirka 15 centimeter i diameter och täck bottnen med bakplåtspapper.
2. Hacka chokladen i mindre bitar. Smält choklad, smör och kaffepulver i en kastrull på låg värme. Ta från värmen.
3. Sikta mjöl, bakpulver, salt, bikarbonat och kakao i en skål. Rör ner sockret i mjölblandningen.
4. Mixa ägg, crème fraiche, vatten och olja i en annan skål tills ingredienserna har blandats ordentligt. Häll äggmixen i mjölblandningen och blanda väl.
5. Rör ner chokladsmeten, blanda till en jämn smet och häll den i formen.
6. Grädda i cirka 1 timme och 20 minuter. Stick ner en provsticka mitt i kakan, när den är torr är kakan färdig.
7. Låt svalna cirka 30 minuter i formen innan du stjälper upp den på ett galler. Låt svalna helt.
8. Dela kakan i två bottnar och fyll den med ganache.

SIRAPSSMÖRKRÄM:
1. Vispa smöret slätt med elvisp och blanda ner florsocker och vaniljpulver. Vispa slätt och häll i mjölken.
2. Vispa i cirka 5 minuter tills krämen är fluffig.
3. Tillsätt citronzest och sirap.
4. Bred smörkrämen på tårtan. Garnera med körsbär.

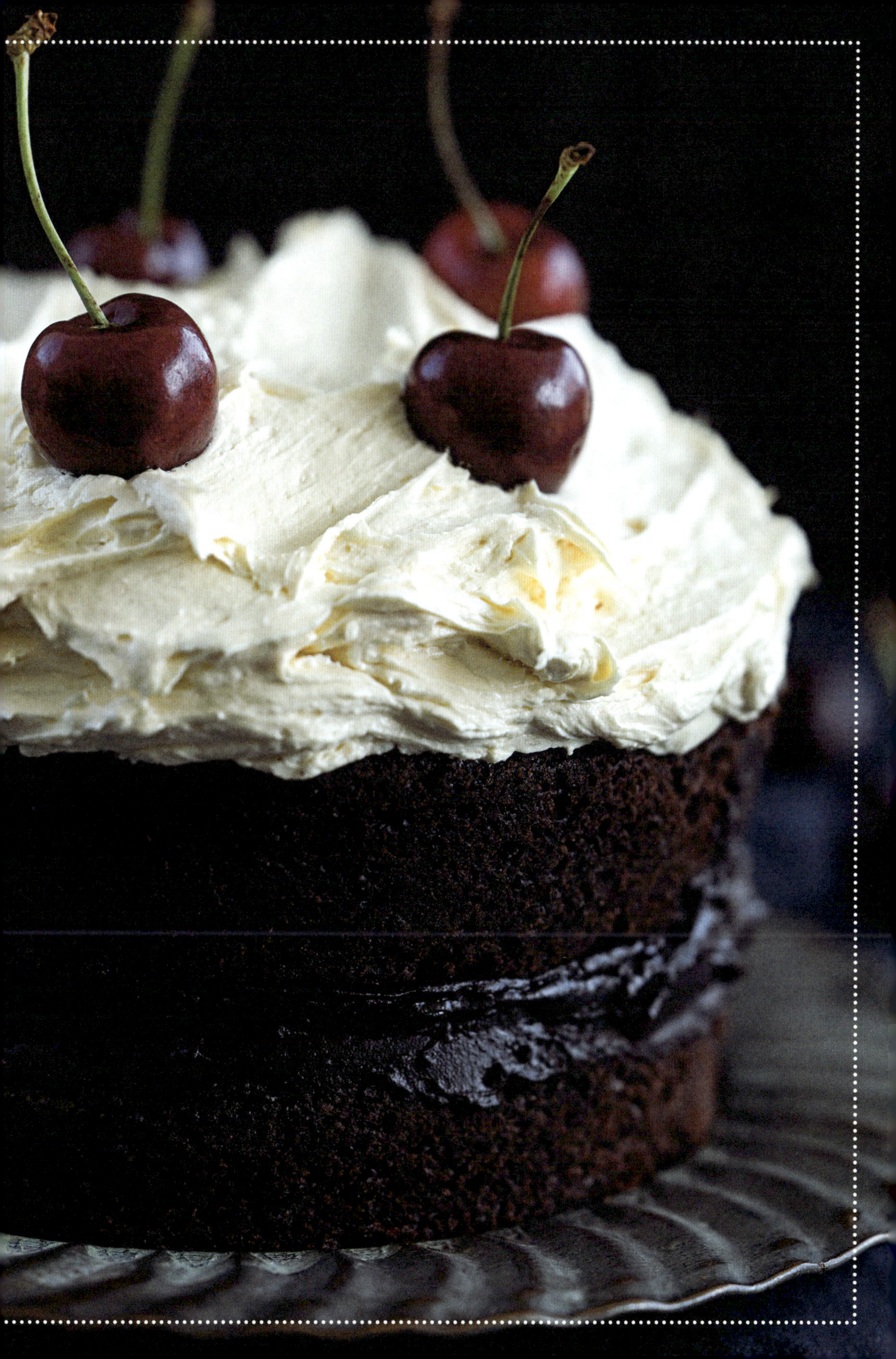

CITRONTÅRTA
6–8 bitar

Fräsch och syrlig citronkaka med färskostfrosting. Jag tycker den är så fin i sin enkelhet, men vill man kan man täcka kakan helt med citronskivor och björnbär.

BOTTNAR:
SMÖR TILL FORMEN
150 G SMÖR, RUMSVARMT
2 DL STRÖSOCKER
3 ÄGG
2 ½ DL VETEMJÖL
1 ½ TSK BAKPULVER
½ TSK VANILJPULVER
½ TSK SALT
1 CITRON, ZEST

FÄRSKOSTFROSTING:
100 G SMÖR, RUMSVARMT
300 G FÄRSKOST
3 DL FLORSOCKER
½ CITRON, ZEST
3 MSK LEMON CURD,
　SE RECEPT PÅ SIDAN 148

GARNERING:
FÄRSKA ELLER TINADE
　BJÖRNBÄR
CITRONSKIVOR UTAN SKAL

TIPS: DET ÄR ENKLARE ATT TÄCKA TÅRTAN MED FROSTING OM DU FRYSER BOTTNARNA FÖRST. DÅ SMULAR DE INTE.

BOTTNAR:
1. Sätt ugnen på 160°. Smörj en kakform som är cirka 18 centimeter i diameter. Klipp ut ett runt bakplåtspappersark i passande storlek och lägg i bottnen.
2. Vispa smör och socker med elvisp tills det är fluffigt.
3. Tillsätt äggen ett i taget och vispa tills blandningen är jämn och fin.
4. Sikta mjöl, bakpulver, vaniljpulver och salt och vänd ner i blandningen lite i taget. Rör om försiktigt eller vispa på låg hastighet. Vänd ner citronzesten.
5. Häll smeten i formen och grädda i cirka 50 minuter eller tills provstickan är torr.
6. Låt kakan stå cirka 20 minuter innan du stjälper upp den på ett galler och låter den svalna helt.
7. Skär tårtan i tre bottnar.

FÄRSKOSTFROSTING:
1. Vispa smör och färskost med elvisp.
2. Tillsätt florsockret och vispa tills krämen är fluffig. Vispa ner citronzest och lemon curd.
3. Låt stå i kylen cirka 30 minuter.
4. Lägg ett lager av frostingen på kakans bottenlager, lägg på en botten och lägg ytterligare ett lager av frosting. Avsluta med den tredje bottnen och täck sedan tårtan med frosting.
5. Garnera med björnbär och citronskivor.

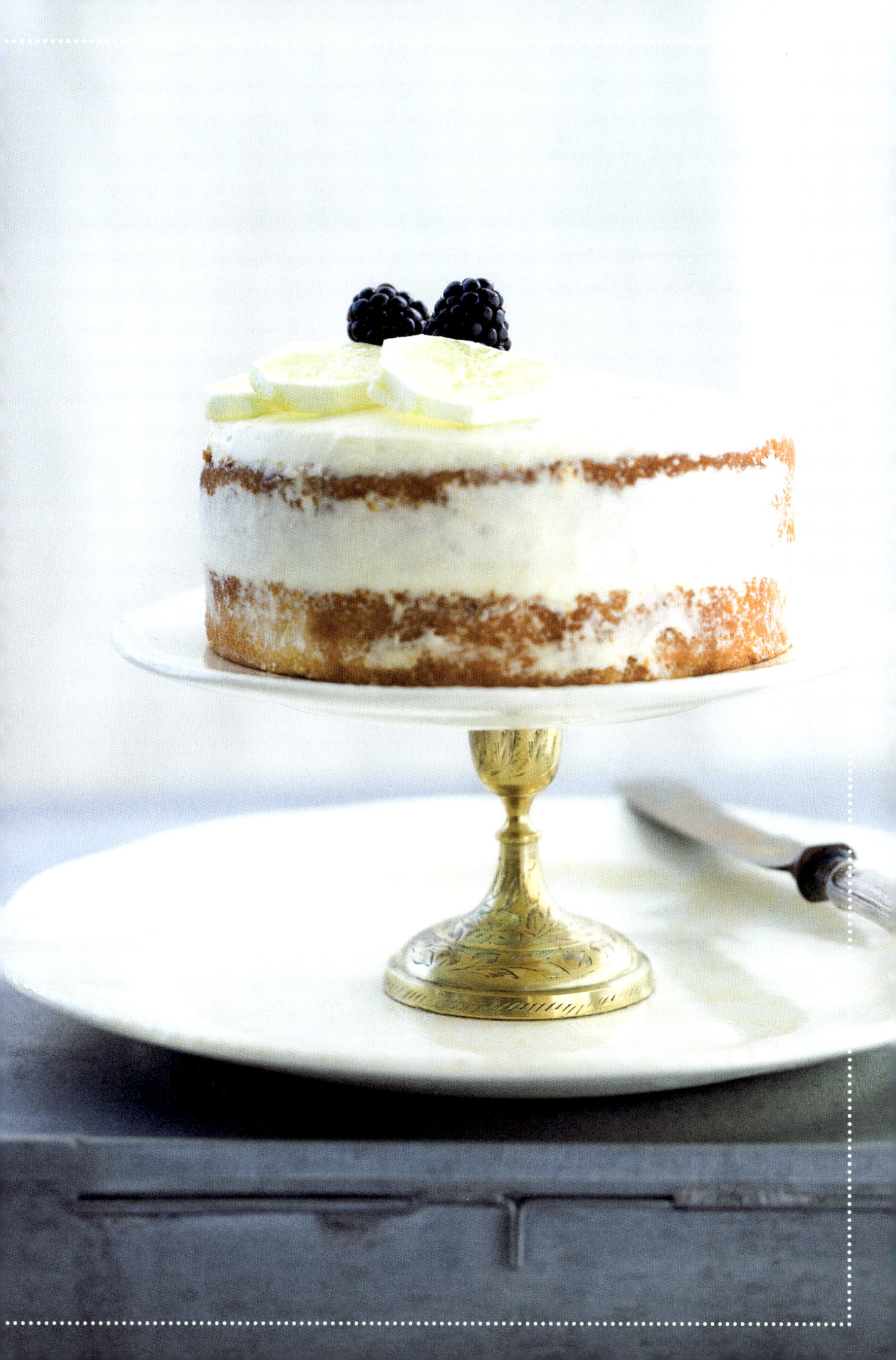

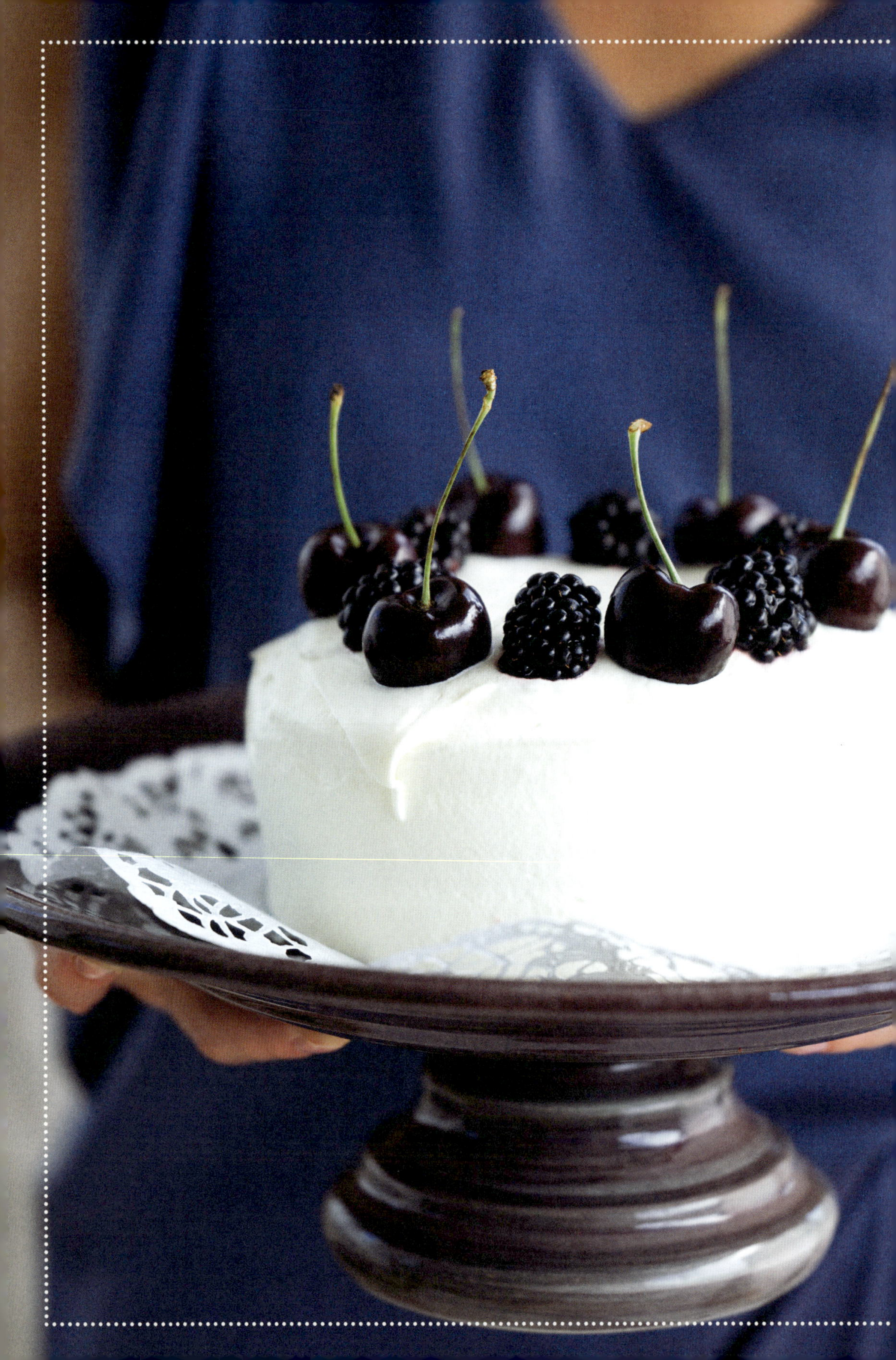

CHOKLADTÅRTA MED BÄR OCH AMARETTO
6–8 bitar

En "vuxen" tårta med fyllig chokladsmak, mustiga körsbär och ljuvlig mandellikör.

BOTTNAR:
- SMÖR TILL FORMEN
- 130 G MÖRK CHOKLAD
- 130 G SMÖR, RUMSVARMT
- 3 TSK SNABBKAFFEPULVER
- 2 ½ DL VETEMJÖL
- 1 TSK BAKPULVER
- ¼ TSK BIKARBONAT
- ½ TSK SALT
- 1 DL KAKAO
- 3 ½ DL STRÖSOCKER
- 2 ÄGG
- 1 DL CRÈME FRAICHE
- 2 MSK RAPSOLJA
- 1 DL VATTEN

FYLLNING OCH GARNERING:
- 200 G FÄRSKA KÖRSBÄR
- 5 DL VISPGRÄDDE
- 3 MSK AMARETTOLIKÖR
- FÄRSKA KÖRSBÄR OCH BJÖRNBÄR TILL GARNERING

1. Sätt ugnen på 160°. Smörj en kakform som är cirka 15 centimeter i diameter och täck bottnen med bakplåtspapper.
2. Hacka chokladen i mindre bitar. Smält choklad, smör och kaffe i en kastrull på låg värme. Ta från värmen.
3. Sikta mjöl, bakpulver, bikarbonat, salt och kakao ner i en skål. Rör ner sockret i mjölblandningen.
4. Mixa ägg, crème fraiche, olja och vatten i en annan skål tills ingredienserna har blandats ordentligt. Häll äggmixen i mjölblandningen och blanda väl.
5. Rör ner chokladsmeten, blanda till en jämn smet och häll den i formen.
6. Grädda i cirka 1 timme och 20 minuter. Testa om kakan är klar med en provsticka, när den är torr är kakan färdig.
7. Låt kakan stå cirka 30 minuter i formen innan du stjälper upp den på ett galler. Låt svalna helt.
8. Skär kakan i tre bottnar.
9. Halvera och kärna ur körsbären. Vispa grädden och smaksätt med likör.
10. Lägg ett lager grädde och bär på en botten, lägg på en botten och lägg på grädde och bär igen. Lägg på den sista bottnen.
11. Täck hela tårtan med resten av grädden. Garnera med körsbär och björnbär.

MARÄNGTÅRTA
cirka 8–10 bitar

En klassisk pavlova är lika med maräng, mandel och vispad grädde samt lite bär på toppen. Varför komplicera saker? Det är ju så gott med det enkla ibland. Det går bra att byta ut björnbären mot hallon, jordgubbar, blåbär, persikor eller nektariner.

MARÄNGER:
3 ÄGGVITOR, RUMSVARMA
3 DL STRÖSOCKER
1 TSK PRESSAD CITRONSAFT
1 MSK MAIZENA

FYLLNING OCH GARNERING:
5 DL VISPGRÄDDE
MANDELSPÅN
FÄRSKA BJÖRNBÄR

1. Sätt ugnen på 150°.
2. Vispa äggvitorna med elvisp tills de är vita och fasta, det tar cirka 3 minuter.
3. Tillsätt socker och citronsaft och vispa tills blandningen har blivit glansig, cirka 3–4 minuter.
4. Blanda i maizenan.
5. Fördela marängen på två plåtar med bakplåtspapper. Forma två lika stora runda bottnar, cirka 20 centimeter i diameter. Se till att det blir en kant på bottnarna så det går att fylla dem när de är gräddade.
6. Grädda en botten i taget. Grädda i 15 minuter, sänk värmen till 100° och grädda i ytterligare 30 minuter. Låt svalna på ett galler.
7. Vispa grädden. Rosta mandeln i en torr panna så att den får lite färg.
8. Fyll första bottnen med grädde och mandelspån, lägg på den andra bottnen och bred på ett rejält lager grädde. Avsluta med bären.

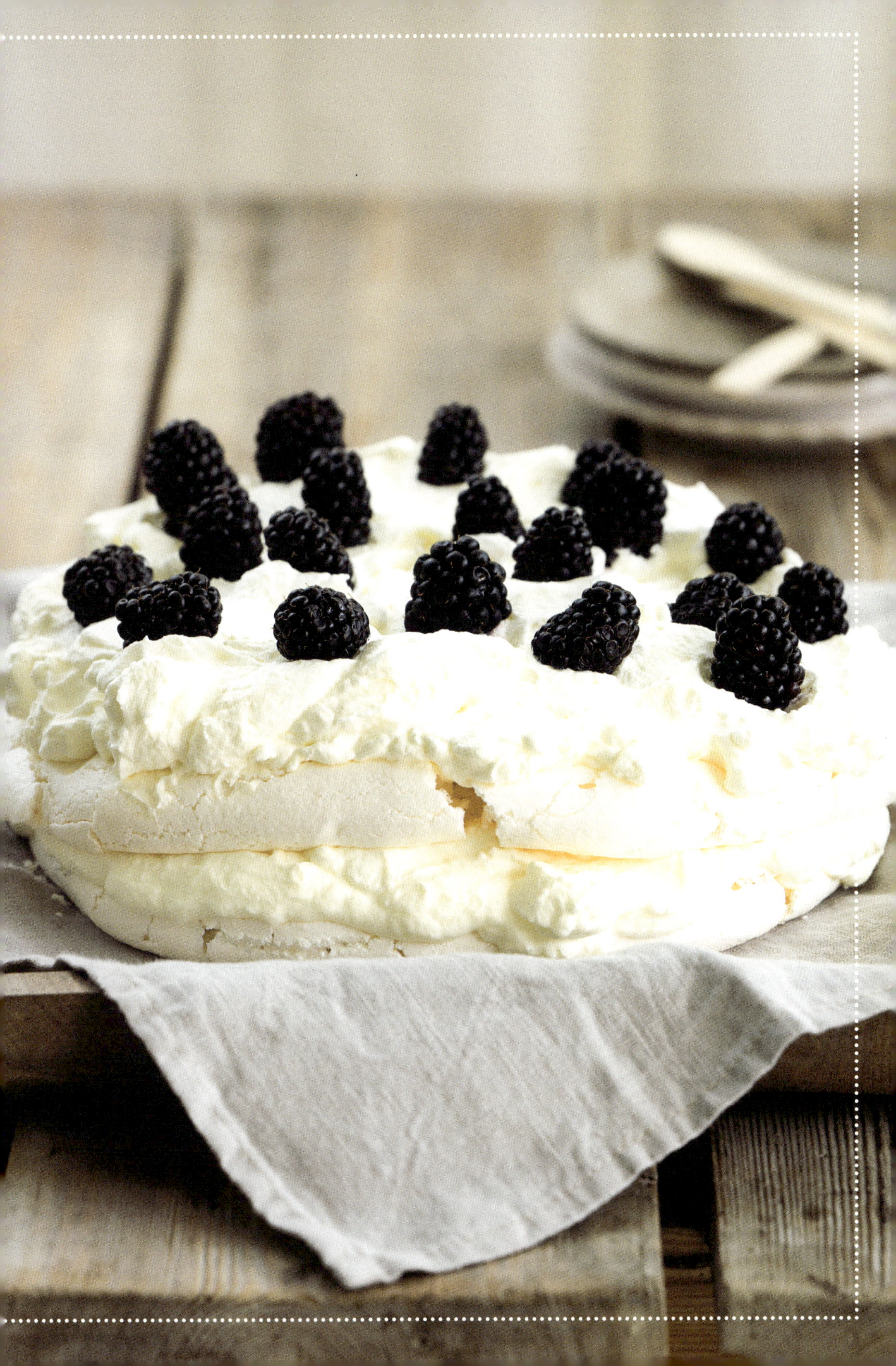

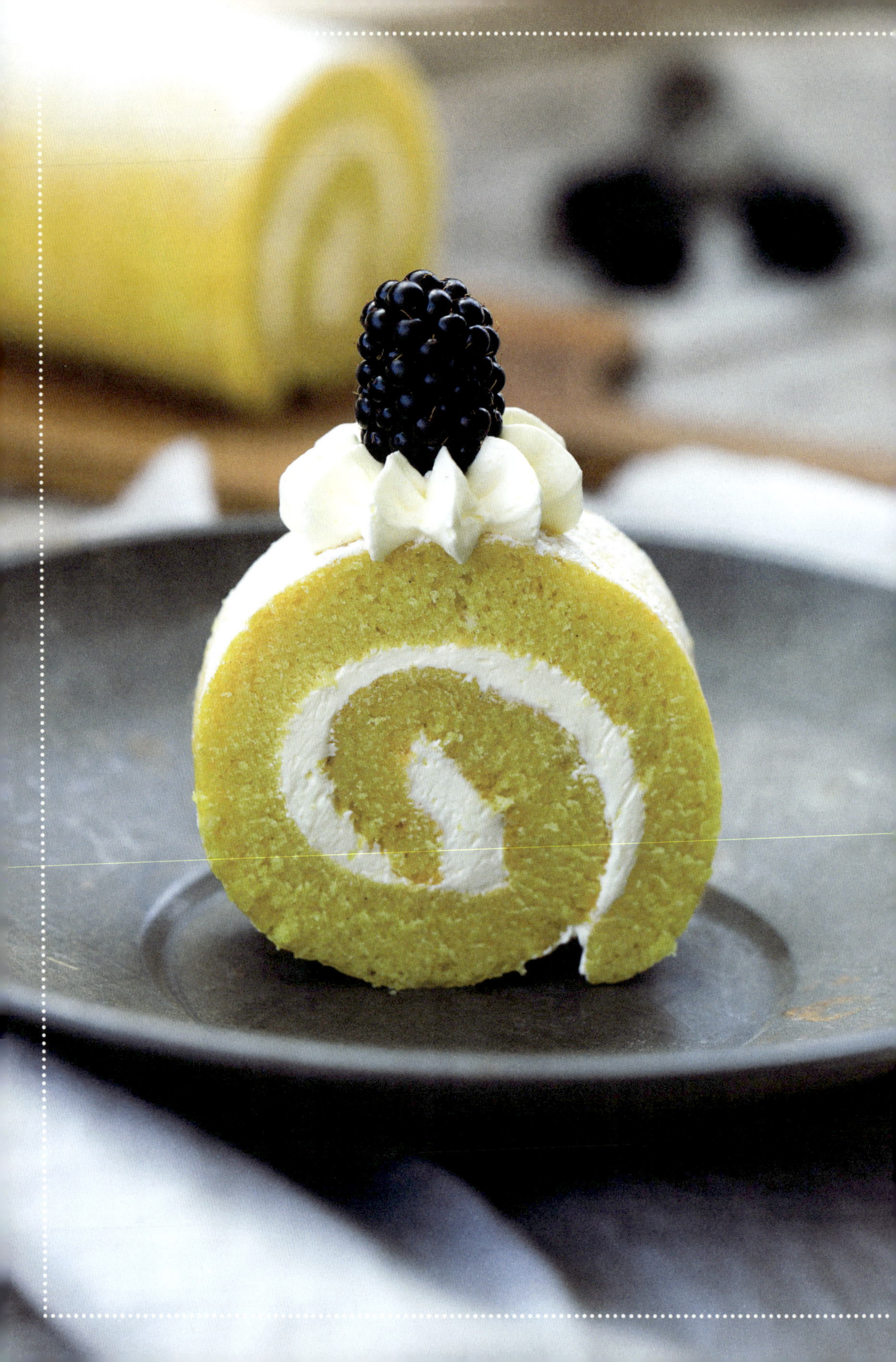

CITRONRULLTÅRTA MED MARÄNGFROSTING
cirka 8 portioner

Gul citronrulltårta blir så mycket finare än en vanlig variant. Det här är en upphottad version av en klassisk svensk fikabit.

KAKA:
- 4 ÄGG
- 2 DL STRÖSOCKER
- 2 ½ DL VETEMJÖL
- 1 TSK VANILJSOCKER
- 1 TSK BIKARBONAT
- ½ TSK SALT
- 2 MSK RAPSOLJA
- 2 MSK CRÈME FRAICHE
- 1 CITRON, SAFT OCH ZEST

MARÄNGFROSTING:
- SE RECEPT PÅ SIDAN 149
- 1 CITRON, ZEST

GARNERING:
- FÄRSKA BÄR

KAKA:
1. Sätt ugnen på 175°.
2. Vispa ägg och socker med elvisp så det blir riktigt poröst och vitt.
3. Sikta de torra ingredienserna i en skål.
4. Tillsätt mjölblandning, olja och crème fraiche i äggvispet genom att varva ingredienserna och blanda på låg hastighet. Avsluta med citronzest och -saft.
5. Häll smeten på en plåt med smörat bakplåtspapper och fördela den jämnt över hela plåten. Grädda i mitten av ugnen i cirka 10 minuter. Om du känner på kakan och den studsar tillbaka är den klar.
6. Lägg en handduk på en plan yta och pudra översidan med florsocker. När kakan är färdig vänder du ner den på kökshandduken. Pilla försiktigt loss bakplåtspappret och rulla in kakan i kökshandduken. Låt svalna på ett galler.

MARÄNGFROSTING:
Gör marängfrostingen och rör ner citronzesten.

MONTERING:
1. När kakan har svalnat, rulla försiktigt ut den. Den ska böja sig, då är den lätt att rulla ihop.
2. Fördela frostingen på kakan och rulla ihop den.
3. Skär skivor med en vass kniv och garnera med en klick av den resterande frostingen samt lite bär.

LAKRITSRULLTÅRTA MED HALLONMARÄNGFROSTING
cirka 8 portioner

Kombinationen lakrits och hallon är ren magi! Tänk på att breda ut smeten ordentligt då kakan reser sig högre med kakao än utan, och det ska vara en ganska tunn kaka.

KAKA:
- 4 ÄGG
- 2 DL STRÖSOCKER
- 2 DL VETEMJÖL
- 1 TSK VANILJPULVER
- ¾ DL KAKAO
- 2 MSK LAKRITSPULVER ELLER 3 MSK FINKROSSAD TURKISK PEPPAR
- 1 TSK BIKARBONAT
- ½ TSK SALT
- 2 MSK RAPSOLJA
- 2 MSK CRÈME FRAICHE

HALLONMARÄNGFROSTING:
- SE RECEPT PÅ SIDAN 149
- 2 DL FÄRSKA HALLON

GARNERING:
- FÄRSKA HALLON

KAKA:
1. Sätt ugnen på 175°.
2. Vispa ägg och socker med elvisp så det blir riktigt poröst och vitt.
3. Sikta de torra ingredienserna ner i en skål.
4. Tillsätt mjölblandning, olja och crème fraiche i äggvispet genom att varva ingredienserna och blanda på låg hastighet.
5. Häll smeten på en plåt med smörat bakplåtspapper och bred ut den i ett tunt lager över hela plåten. Grädda i mitten av ugnen i cirka 10 minuter. Om du känner på kakan och den studsar tillbaka är den klar.
6. Lägg en kökshandduk på en plan yta och pudra översidan med kakao. När kakan är färdig vänder du ner den på kökshandduken. Pilla försiktigt loss bakplåtspappret och rulla in kakan i kökshandduken. Låt svalna på ett galler.

HALLONMARÄNGFROSTING:
Gör marängfrostingen och vänd ner hallonen.

MONTERING:
1. När kakan har svalnat, rulla försiktigt ut den. Den ska böja sig, då är den lätt att rulla ihop.
2. Fördela frostingen på kakan och rulla ihop den.
3. Skär skivor med en vass kniv och garnera med en klick av den resterande frostingen och hallon.

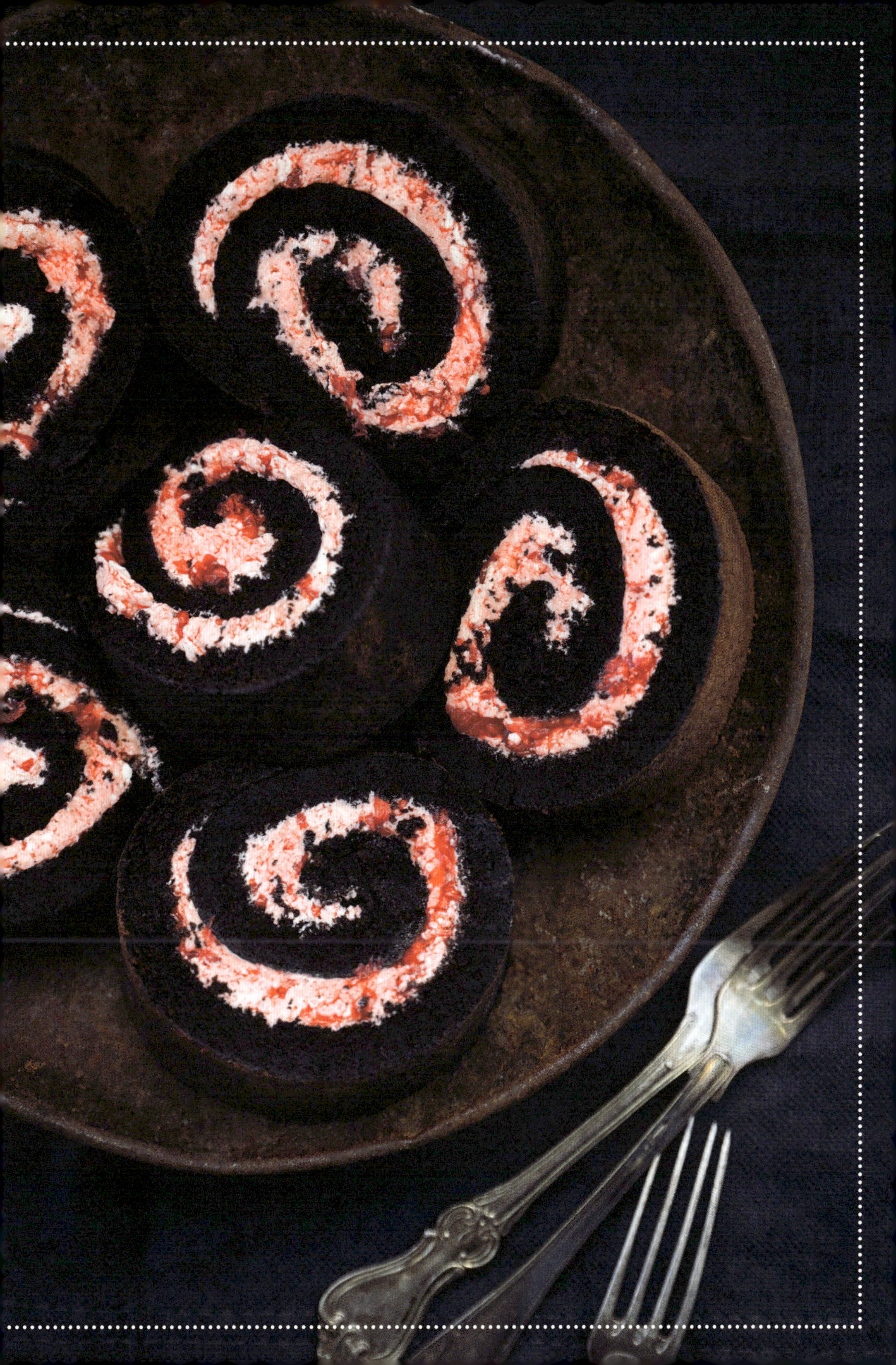

LITEN KAKAS RED VELVET-TÅRTA
cirka 8–10 portioner

Red velvet är benämningen på en fyllig och saftig chokladkaka från de amerikanska sydstaterna. Namnet syftar på den vackra röda färgen som uppstår när man blandar vinäger och kakao. I min kaka har jag fuskat genom att använda röd livsmedelsfärg. Jag har även rosa färg på frostingen istället för vit; jag har alltid varit förtjust i färgkombinationen röd och rosa.

BOTTNAR:
- SMÖR TILL FORMEN
- 2 ÄGG
- 2 ½ DL STRÖSOCKER
- 1 TSK VANILJPULVER
- 3 DL VETEMJÖL
- 2 MSK KAKAO
- 1 TSK BIKARBONAT
- ½ TSK SALT
- 2 DL CRÈME FRAICHE
- 1 DL RAPSOLJA
- 2 MSK ÄPPELCIDERVINÄGER
- 1 FLASKA RÖD LIVSMEDELSFÄRG (30 ML)

FÄRSKOSTFROSTING:
- SE RECEPT PÅ SIDAN 26
- RÖD LIVSMEDELSFÄRG

TIPS: DET ÄR ENKLARE ATT TÄCKA TÅRTAN MED FROSTING OM DU FRYSER BOTTNARNA FÖRST. DÅ SMULAR DE INTE.

1. Sätt ugnen på 175°. Smörj en bakform som är cirka 20 centimeter i diameter.
2. Vispa ägg, socker och vaniljpulver med elvisp tills smeten är vit och fluffig.
3. Sikta mjöl, kakao, bikarbonat och salt.
4. Häll ner en tredjedel av mjölblandningen i smeten. Blanda ihop på låg hastighet. Varva sedan resten av mjölblandningen med crème fraiche, rapsolja samt vinäger tills allt är väl blandat i äggsmeten.
5. Fyll formen till cirka två tredjedelar och grädda i cirka 1 timme. Stick ner en provsticka i kakan, är den torr är kakan färdig.
6. Låt stå i cirka 30 minuter i formen innan du försiktigt stjälper upp kakan. Låt den svalna helt innan du lägger på frosting.
7. Gör frostingen. Häll i ett par droppar färg och rör så att den blir jämnt ljusrosa. Låt den stå i kylen i cirka 30 minuter eller tills den har en konsistens som är enkel att jobba med.

MONTERING:
1. Skär tårtan i tre bottnar.
2. Täck en botten med frosting, lägg på en botten och täck med frosting. Lägg på sista bottnen och täck hela tårtan med resten av frostingen. Använd en spatel eller slickepott.

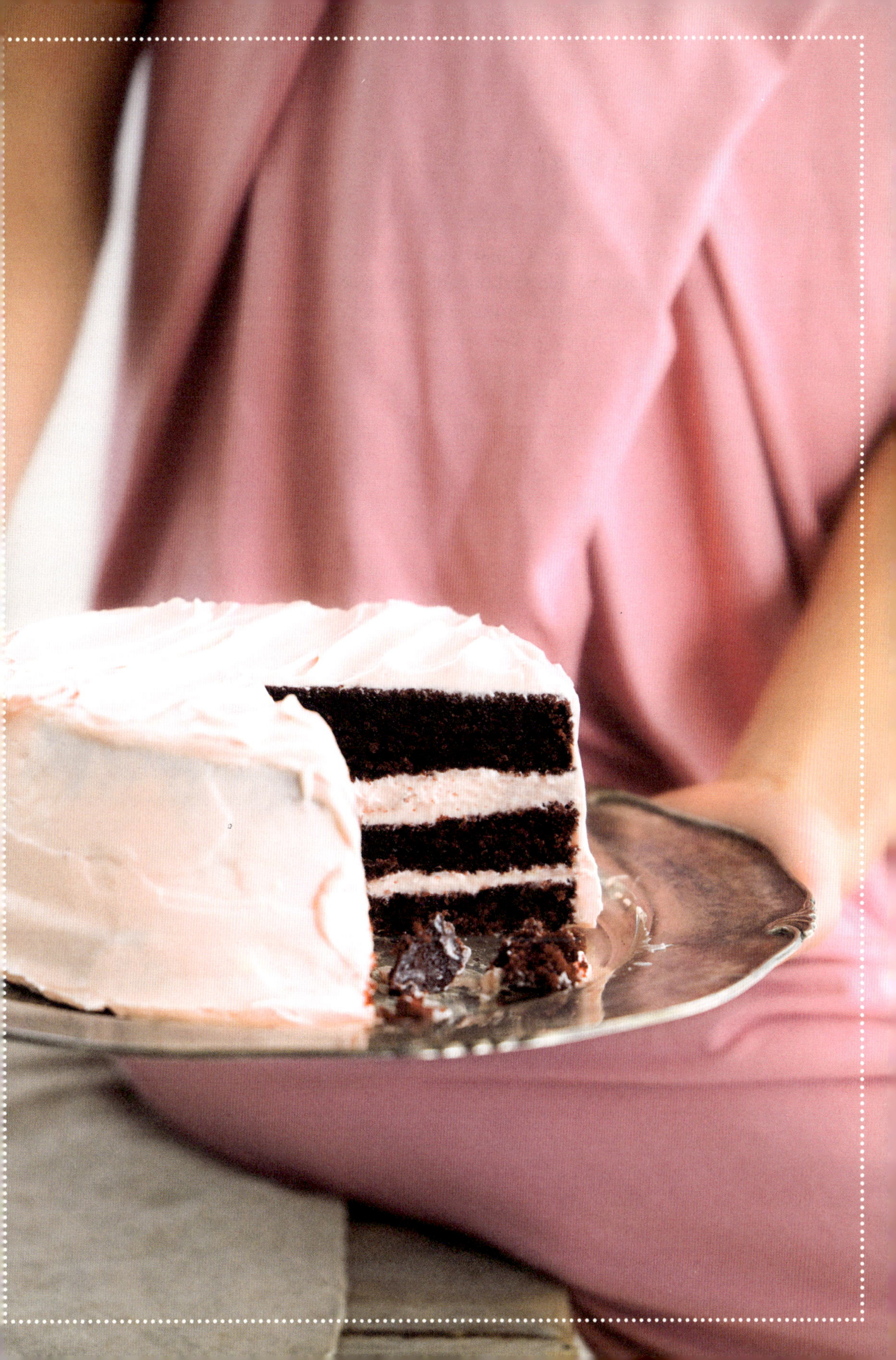

Drinkar

GRAPEFRUKT- OCH TIMJANFIZZ
6 glas

En frisk fläkt. Syrlighet och timjan går väl ihop, eftersom örten tar udden av grapefrukten. En perfekt fördrink!

5 DL DRICKFÄRDIG BLODGRAPEFRUKTJUICE
½ DL COINTREAU
½ KRUKA FÄRSK TIMJAN
1 FLASKA MOUSSERANDE VIN (750 ML)
ISBITAR
1 BLODGRAPEFRUKT

1. Blanda juice, Cointreau och 15 kvistar timjan (spara sex till garnering) och låt stå någon timme i kylen. Sila bort kvistarna.
2. Häll på iskallt vin och is. Häll upp i glas och garnera med timjan och en skiva grapefrukt.

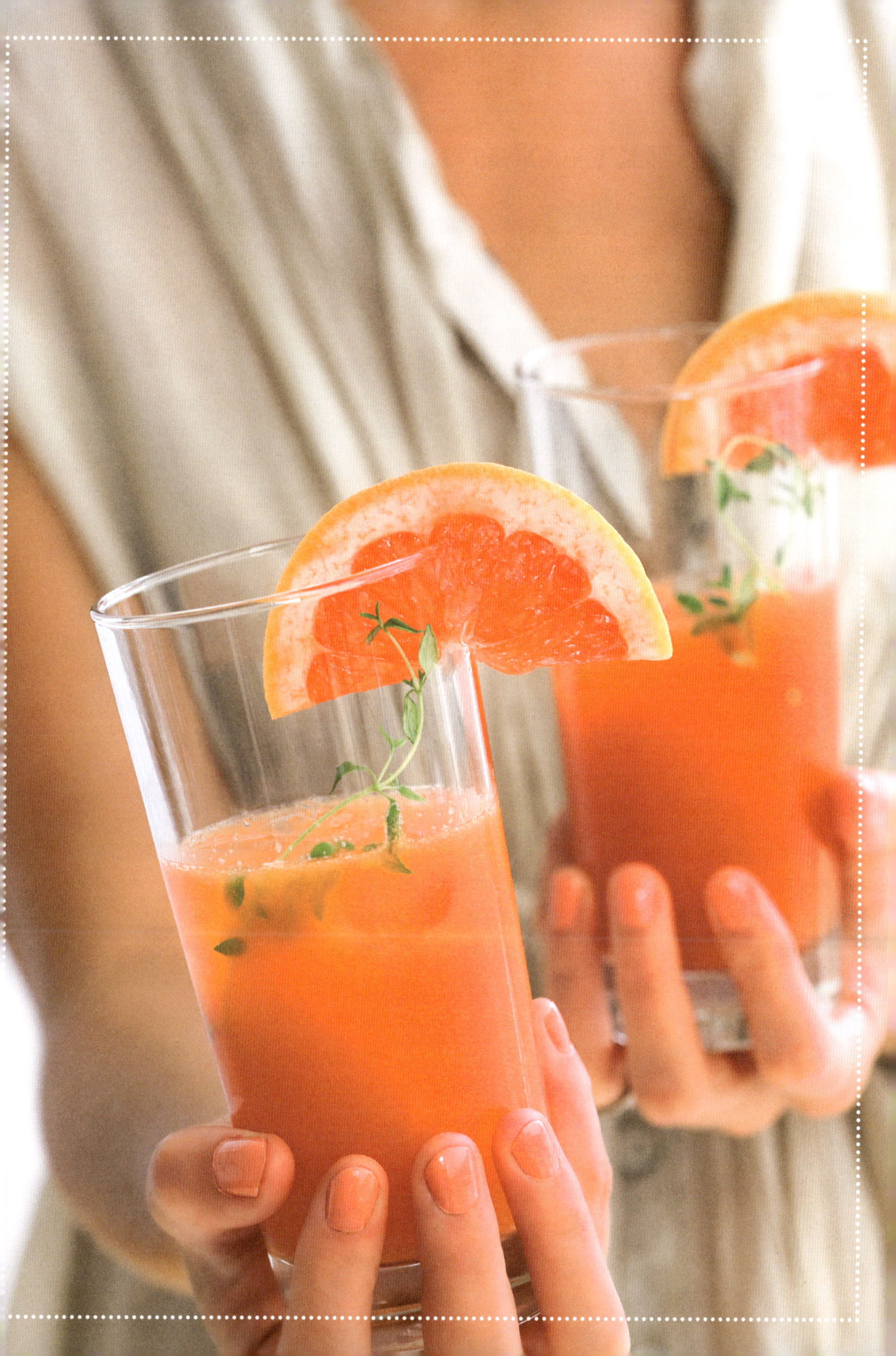

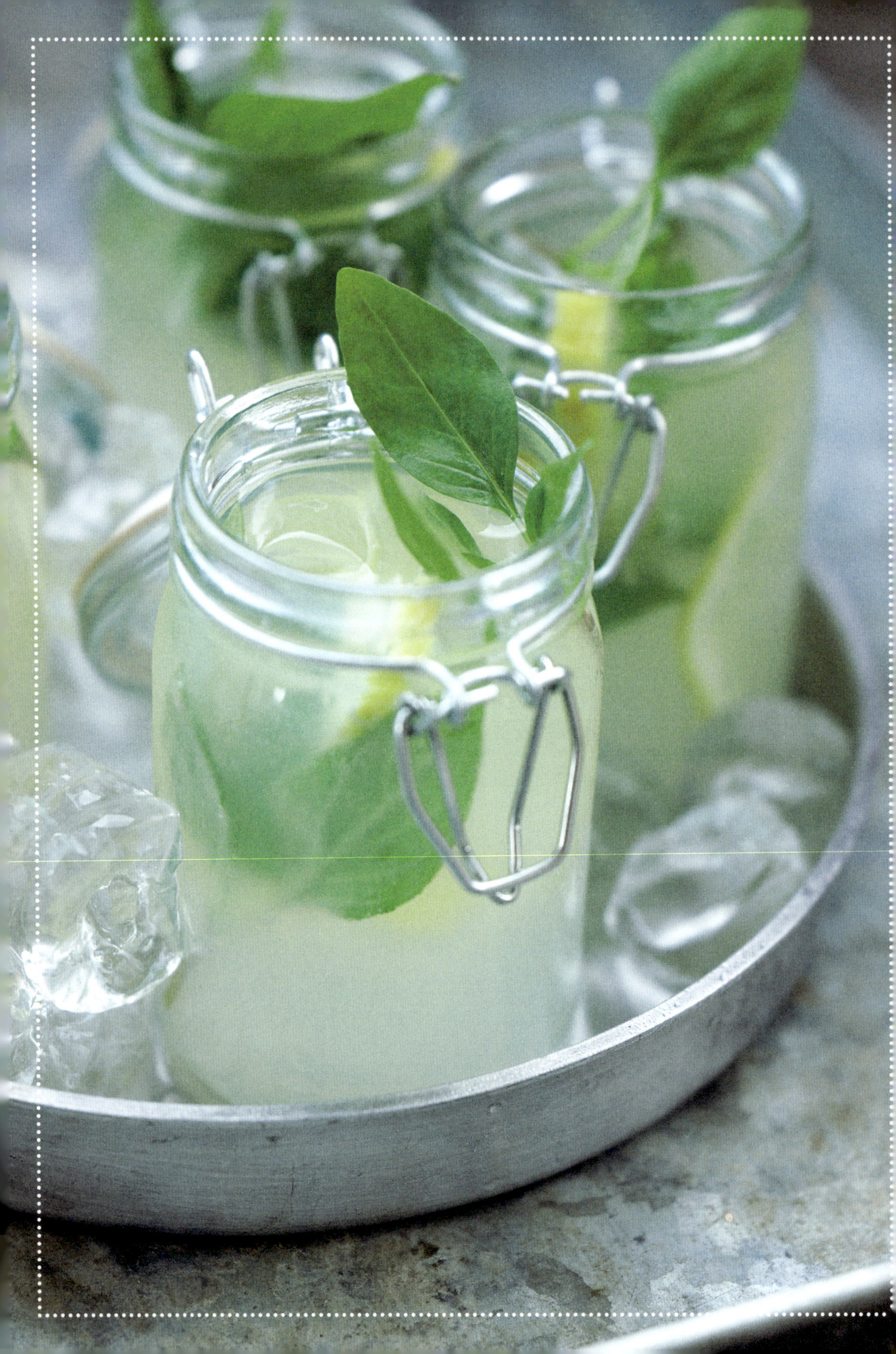

THAIBASILIKA-SANGRIA
6 glas

En blivande klassiker! Apelsinerna och det röda vinet har bytts ut mot citron och vitt vin. Tillsammans med thaibasilikan blir smaken oväntat och pirrigt god.

½ DL STRÖSOCKER
½ DL VATTEN
1 CITRON, ZEST
½ KRUKA FÄRSK THAIBASILIKA
1 FLASKA VITT VIN (750 ML)
1 DL PRESSAD OCH SILAD CITRONSAFT
ISBITAR
CITRONSKIVOR
SODAVATTEN

1. Koka upp socker och vatten och låt koka tills sockret har lösts upp. Ta kastrullen från värmen.
2. Lägg i citronzest och thaibasilikablad (spara några blad till garnering) och låt dra tills lagen har kallnat, cirka 15 minuter.
3. Sila bort zest och basilika.
4. Rör ihop lagen med vin och citronsaft.
5. Häll upp i glas som är fyllda till kanten med isbitar och citronskivor, toppa med lite sodavatten och garnera med thaibasilika.

WHISKYCHOKLAD
1 glas

Milkshake för oss vuxna… Jo jag tackar!

> 2 ½ DL VANILJGLASS
> 6 CL WHISKY
> 6 CL CHOKLADSIRAP
>   ELLER CHOKLADSÅS
> 1 NÄVE ISBITAR

1. Låt glassen tina tills den är krämig.
2. Mixa alla ingredienser tills de har blandats ordentligt.
3. Häll upp i ett glas, sätt i ett sugrör och servera.

SE BILD PÅ SIDAN 131

HOT SHOTS
1 glas

En klassisk hot shot innehåller Galliano. Jag har valt att ersätta med kanelwhisky. Jag tycker inte man behöver snåla med grädden …

> 3 CL FIREBALL CINNAMON
>   WHISKY
> 4 CL HETT KAFFE
> VISPAD GRÄDDE
> MÖRK CHOKLAD

1. Häll whiskyn i ett shotglas.
2. Skeda ner kaffet.
3. Spritsa eller lägg grädde ovanpå och riv över lite choklad.

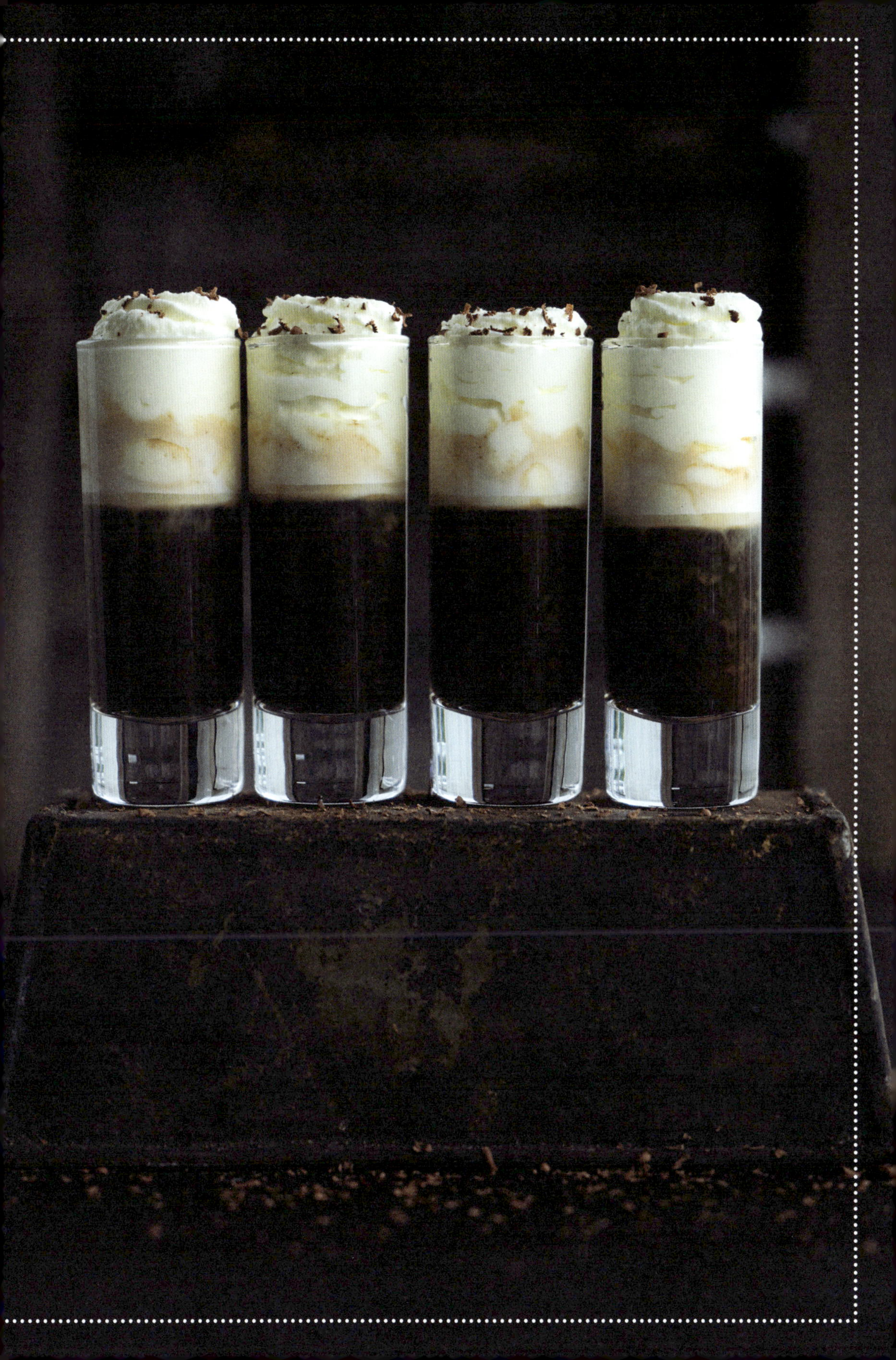

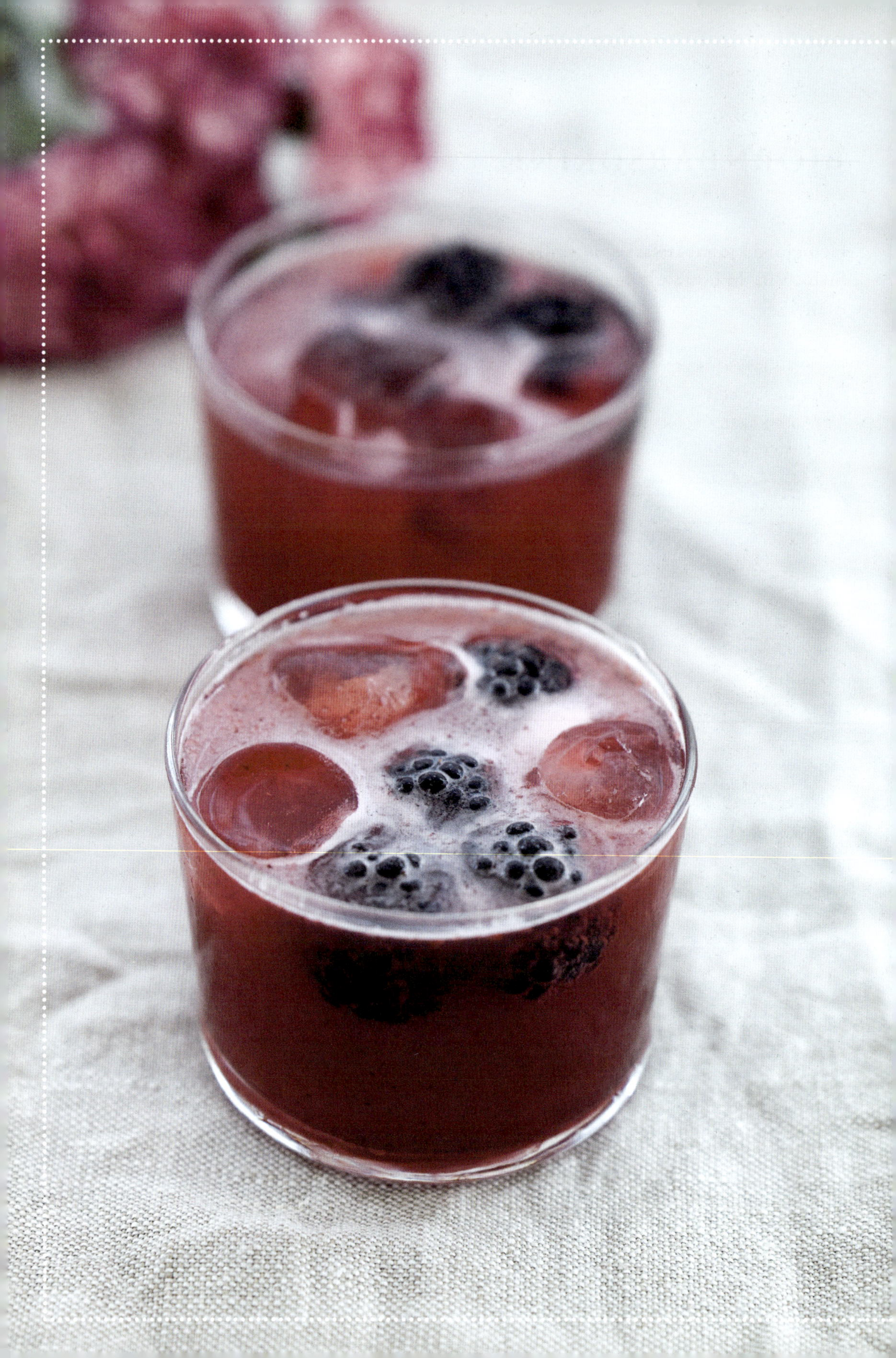

BJÖRNBÄRSDRINK
2 glas

Hemgjord björnbärsläsk som svalkar alldeles lagom när augustis varma vindar sveper förbi. Vill du hotta till den, häll i några droppar vodka så får du en vodka blackberry istället!

4 MSK STRÖSOCKER
2 ½ DL VATTEN
2 ½ DL FÄRSKA BJÖRNBÄR
SODAVATTEN
EV FÄRSKA BJÖRNBÄR TILL GARNERING

1. Koka upp socker och vatten i en kastrull.
2. Ta kastrullen från värmen när sockret har lösts upp.
3. Mixa björnbären till en puré och sila bort fröna.
4. Häll 1 msk puré i varje glas, tillsätt sockerlagen och avsluta med cirka 3 dl sodavatten. Garnera eventuellt med några hela bär.

PERSIKA- OCH ROSMARINFIZZ
4 glas

Doften av persika och rosmarin tillsammans är helt ljuvlig. Rosmarin är för mig en vuxen smak som blir ett perfekt komplement till den barnsliga smaken av persika. Vill barnen smaka går det utmärkt att hoppa över rosmarinen.

- 4 MSK STRÖSOCKER
- 2 ½ DL VATTEN
- 1 KRUKA FÄRSK ROSMARIN
- 5 PERSIKOR
- 2 MSK PRESSAD LIMESAFT
- 5 DL ISBITAR
- 1 LITER SCHWEPPES LEMON

1. Koka socker och vatten i en kastrull tills sockret lösts upp.
2. Ta kastrullen från värmen och tillsätt några kvistar rosmarin. Låt dra i cirka 15 minuter och sila sedan bort rosmarinen. Ställ in i kylen.
3. Kärna ur persikorna. Spara en persika till garnering, mixa resten med limesaften i en mixer tills det är en slät puré. Sila och ställ i kylen.
4. Fyll glas med persikapuré och is.
5. Häll 2 tsk av rosmarinlagen i varje glas och avsluta med Schweppes lemon.
6. Garnera med en kvist rosmarin och en bit persika.

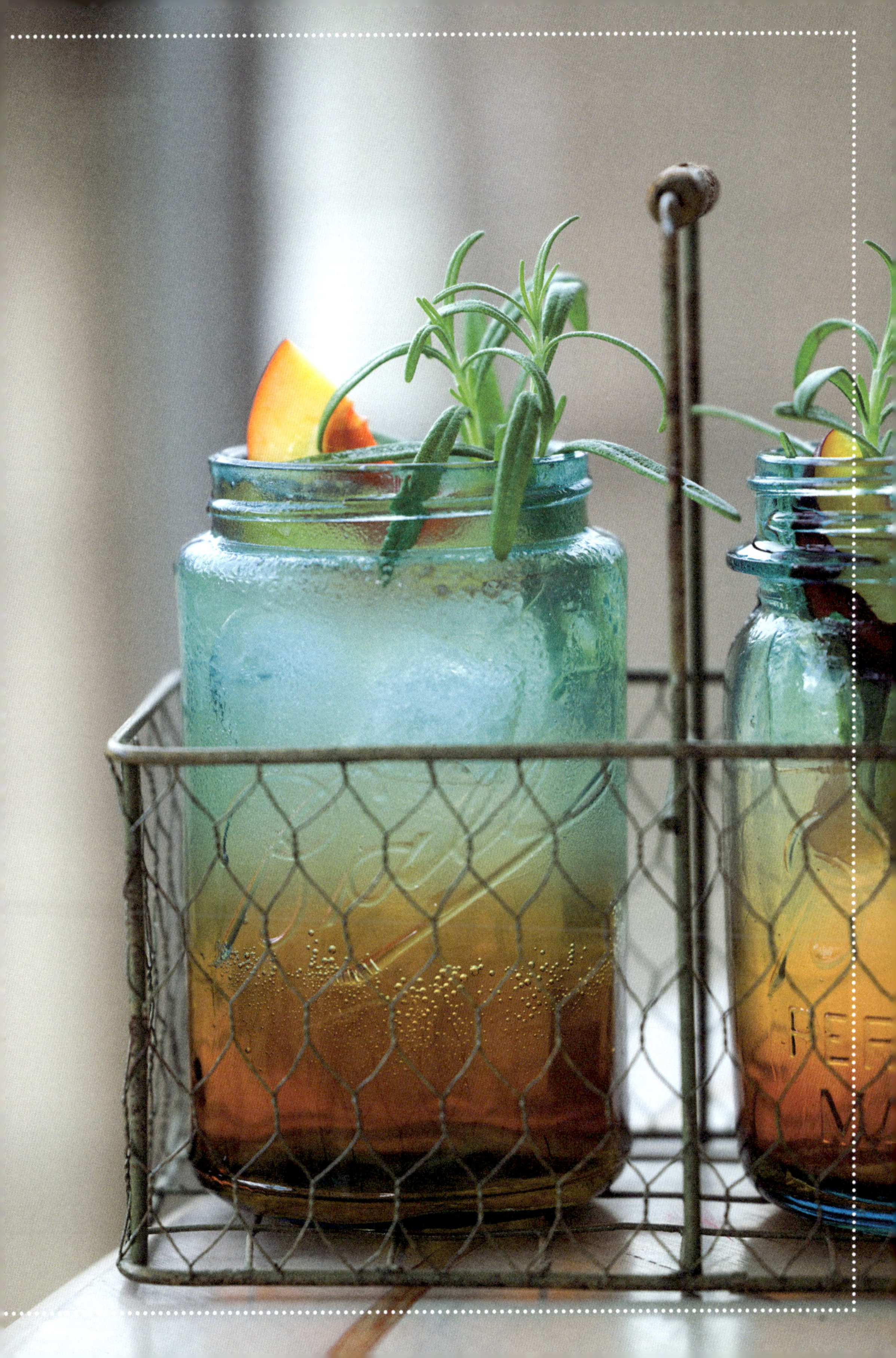

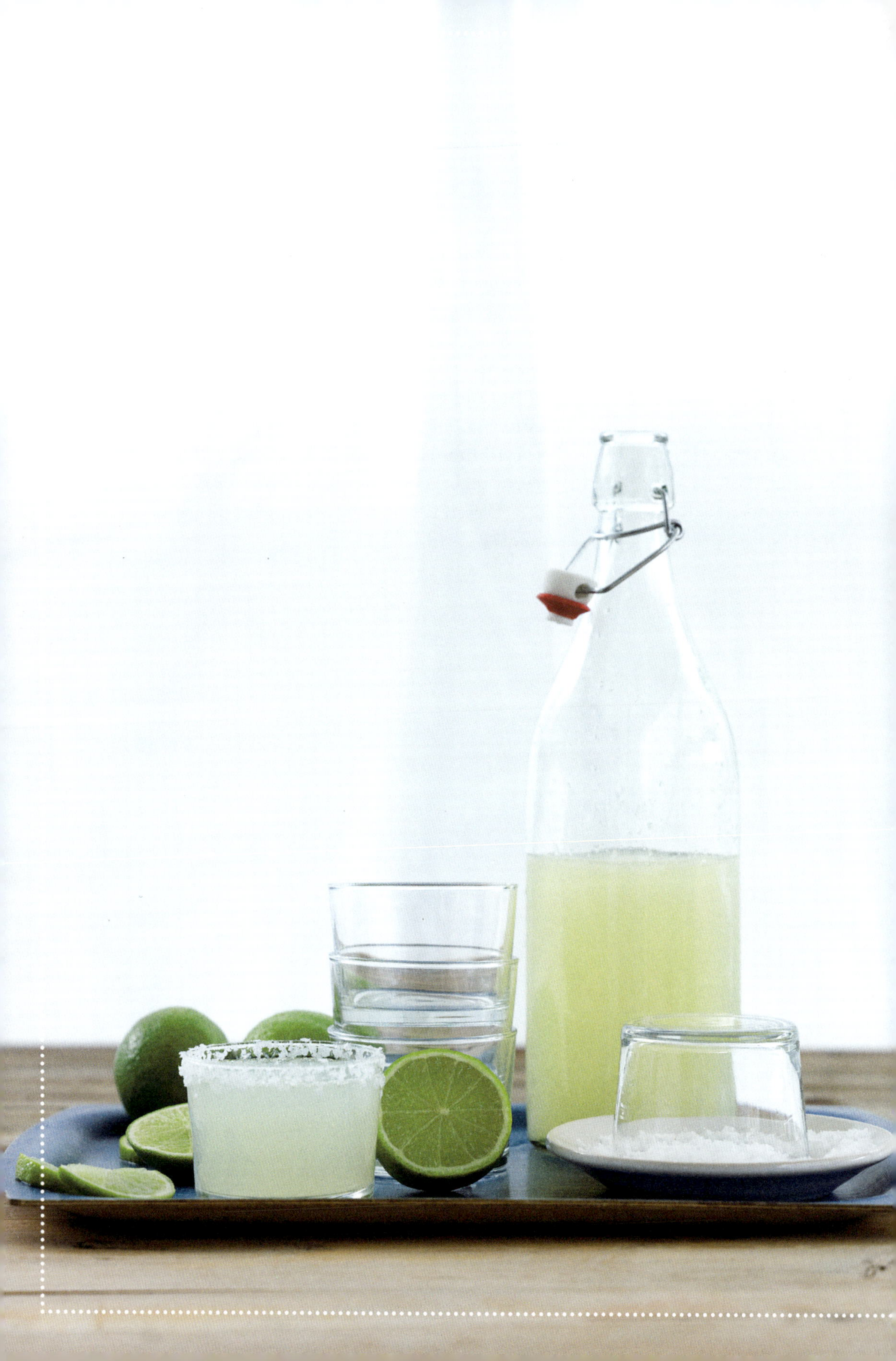

MARGARITA
2 glas

¡Arriban suecos! Den mexikanska drycken har fått konkurrens av sin upphottade version frozen margarita, men i sin enkelhet passar originalet mig alldeles utmärkt! Är du sötsugen kan du hälla i några droppar agavenektar.

6 CL PRESSAD LIMESAFT
 (CIRKA 2 LIMEFRUKTER)
HAVSSALT
4 CL COINTREAU
6 CL TEQUILA
EV LITE AGAVENEKTAR
ISBITAR

1. Pressa saften ur limefrukterna.
2. Använd den urpressade limen till att rimma glaskanterna. Dippa glaskanterna i havssalt.
3. Häll limesaften i en blandare och tillsätt Cointreau, tequila och eventuellt agavenektar.
4. Fyll med is och skaka blandaren tills dina händer är iskalla.
5. Häll upp i glas och njut!

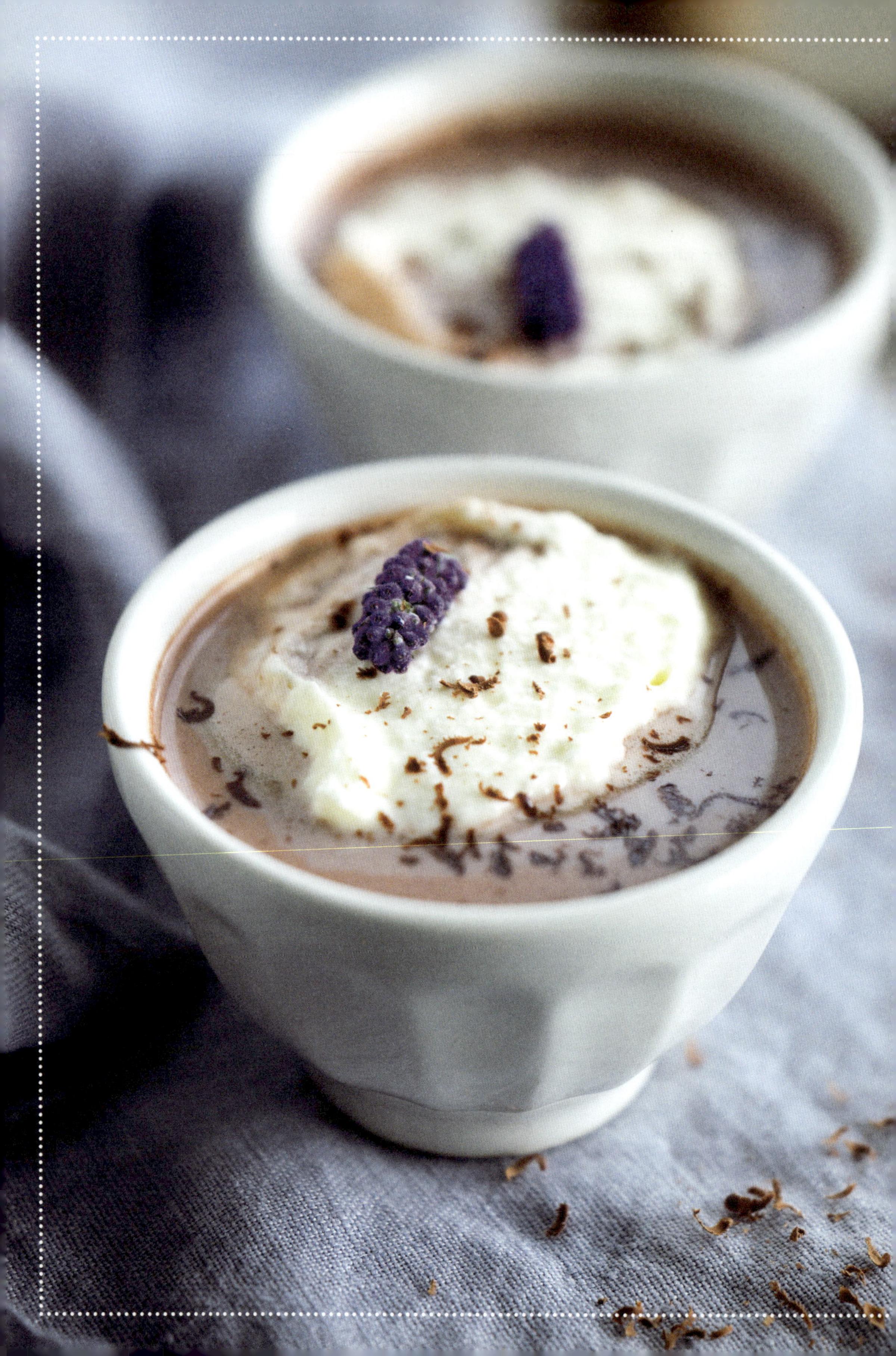

VARM LAVENDELCHOKLAD
2 koppar

Lavendel har en väldigt distinkt smak. Här kan du välja hur mycket lavendel du vill att din choklad ska smaka. Jag dricker lavendelchoklad när hösten lurar runt hörnet, njuter av doften och smaken och drömmer mig bort till Provence.

2 DL VISPGRÄDDE
½ VANILJSTÅNG
5 DL MJÖLK
1 MSK TORKADE LAVENDELBLOMMOR
+ ½ TSK TILL GARNERING
120 G MÖRK CHOKLAD

1. Vispa grädden tills den blir fast.
2. Dela vaniljstången på längden och skrapa ur fröna. Rör ner fröna i grädden.
3. Värm mjölken tillsammans med lavendelblommorna i en kastrull tills mjölken börjar ryka litegrann, var försiktig så det inte blir för varmt. Ställ åt sidan och låt dra i 5 minuter.
4. Sila bort lavendeln och värm mjölken igen, på medelvärme.
5. Bryt chokladen i bitar och lägg i mjölken. Rör tills den har smält. Sänk värmen.
6. Vispa mjölkchokladen med en handvisp i någon minut.
7. Häll chokladen i två koppar och servera med grädden. Garnera med en liten lavendelblomma.

Tillbehör

LEMON CURD

3 ÄGG
2 DL STRÖSOCKER
3 CITRONER, SAFT
50 G SMÖR, I KUBER
1 MSK CITRONZEST

1. Ställ en skål över en kastrull med sjudande vatten.
2. Häll i ägg, socker och citronsaft och vispa med elvisp. Vispa ordentligt tills krämen blir tjock.
3. Ta skålen från värmen och sila krämen.
4. Tillsätt smöret lite i taget och rör tills det smält. Rör ner citronzest och låt svalna.

SE BILD PÅ SIDAN 150 ÖVERST TILL VÄNSTER

TRYFFEL/GANACHE

180 G MÖRK CHOKLAD
3 ½ DL VISPGRÄDDE
50 G SMÖR
1 DL FLORSOCKER
½ TSK VANILJPULVER

1. Grovhacka chokladen.
2. Koka upp grädden, lägg i smöret och låt det smälta.
3. Ta kastrullen från plattan och tillsätt choklad och florsocker, vispa tills det är slätt. Blanda ner vaniljpulvret.
4. Låt blandningen svalna tills den stelnar och blir tjock men fortfarande går att röra. Om du vill använda tryffeln som ganache: Låt den stelna bara så pass att blandningen är trögflytande.

SE BILD PÅ SIDAN 150 ÖVERST TILL HÖGER

BRÄND MANDEL

2 DL STRÖSOCKER
20 G SMÖR
½ TSK BIKARBONAT
2 DL FLAGAD MANDEL

1. Häll sockret i en het stekpanna och låt det smälta.
2. Tillsätt smör och bikarbonat och rör om med en träslev.
3. Rör ner mandeln.
4. Häll blandningen på en plåt med bakplåtspapper och låt svalna.
5. Bryt mandeln i bitar.

SE BILD PÅ SIDAN 150 NEDERST TILL VÄNSTER

MARÄNGFROSTING

1 ÄGGVITA
¾ DL STRÖSOCKER
300 G SMÖR, RUMSVARMT
½ TSK VANILJPULVER

1. Ställ en skål över en kastrull med sjudande vatten.
2. Häll i äggvita och socker och vispa för hand tills sockret har lösts upp.
3. Ta skålen från värmen och vispa med en elvisp tills marängen blivit dubbelt så stor.
4. Klicka i smöret lite i taget och vispa. Konsistensen ska vara mjuk och smidig. Rör ner vaniljpulvret.

SE BILD PÅ SIDAN 150 NEDERST TILL HÖGER

DULCE DE LECHE

1 BURK KONDENSERAD MJÖLK (400 G)

1. Ställ burken oöppnad i en stor kastrull. Täck burken med vatten och sätt på ett lock.
2. Småkoka burken i cirka 3 timmar. Se till att den är helt täckt med vatten.
3. Häll av vattnet och låt burken svalna innan du öppnar den.

SE BILD PÅ SIDAN 151

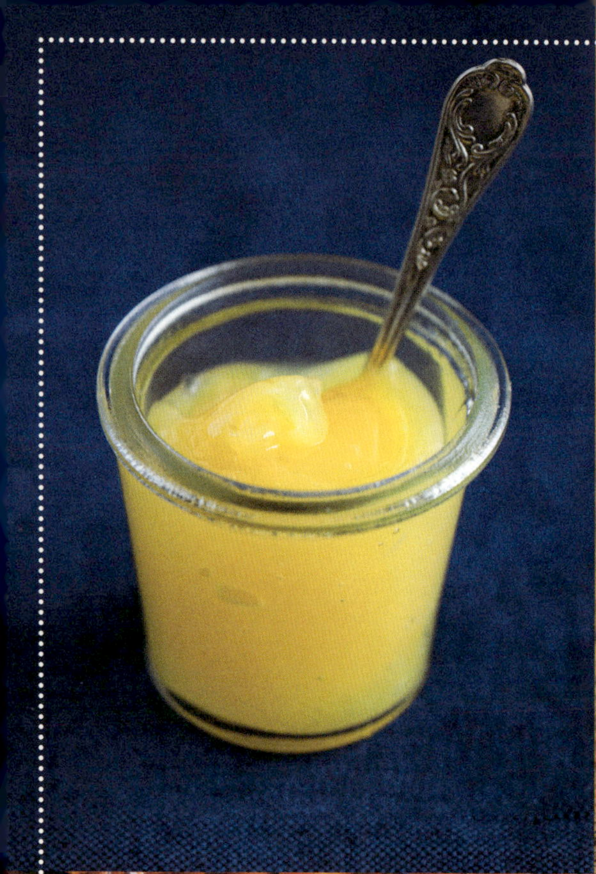
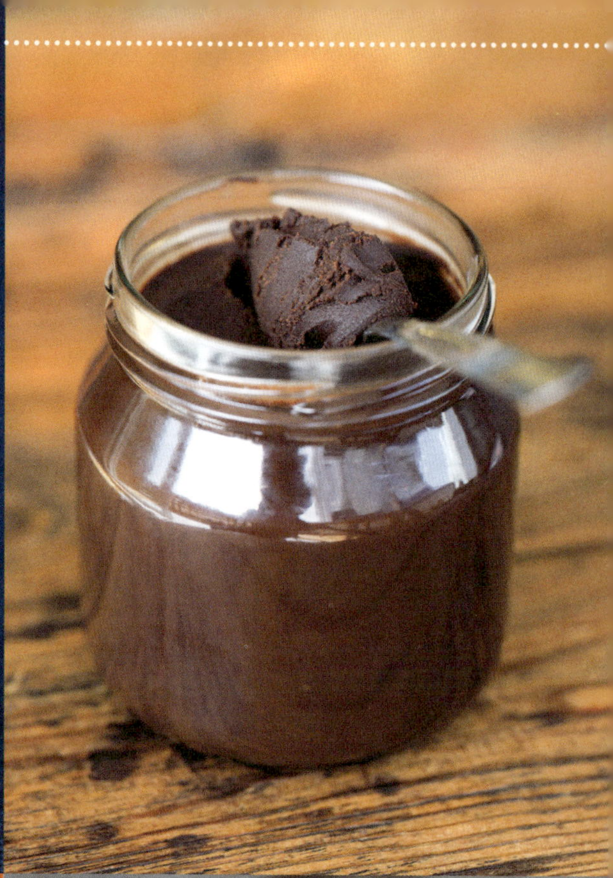
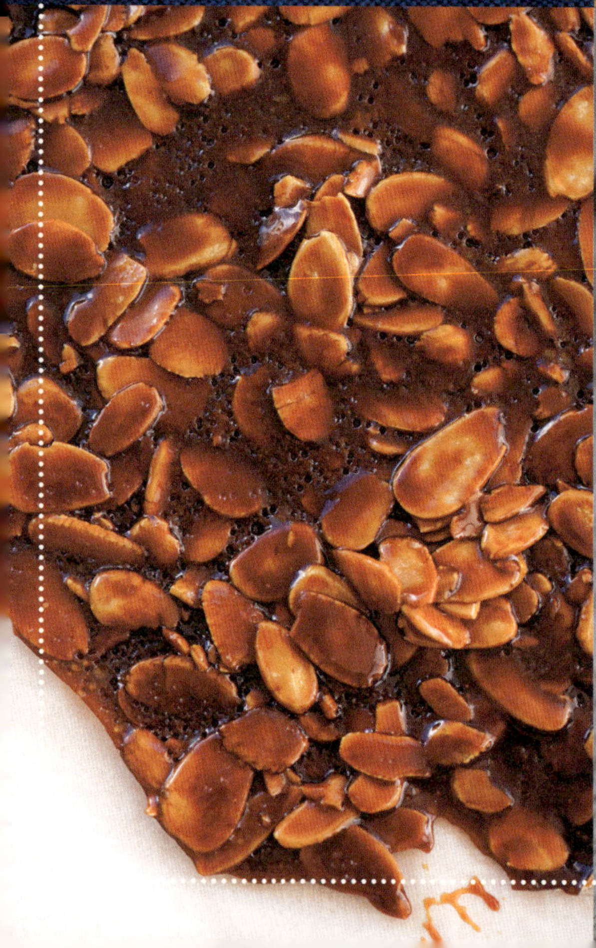
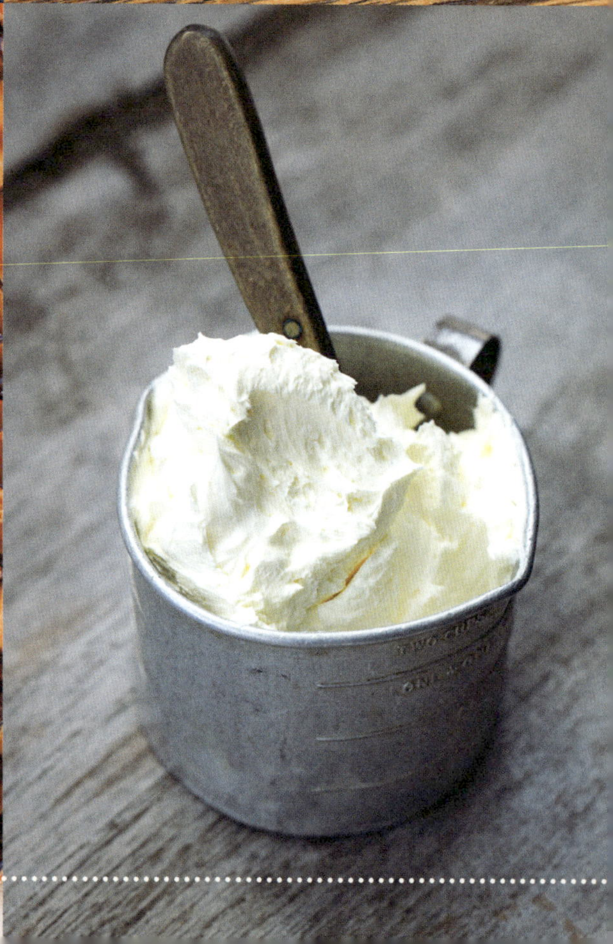

STORT TACK TILL

Henrik – som alltid stöttar mig och står ut med ett kladdigt kök
Nils – min lilla stjärna som är drivkraften i mitt liv
Mamma – som hämtar, lämnar och hämtar igen, jämt och hela tiden. Utan dig får jag inte ihop det!
Roberta – för all inspiration och ditt fantastiska engagemang
Johanna Kullman – förläggare på Norstedts som hjälpte mig att förverkliga min bokidé. Jag är evigt tacksam för det!
Maria Selin – min duktiga redaktör
Jenny Grimsgård, min fotograf och vän – för världens bästa bilder
Anette Rosvall, min glada formgivare – för den snyggaste boken
Alla mina vänner som alltid uppmuntrar mig till att göra det jag gör. Ni är underbara!

Tack också till dessa företag för att jag fick låna rekvisita:
EK PR & KOMMUNIKATION
GRANIT
MATEUS
KitchenLab (redskap)
Charlotte Bonde Design (smycken)

REGISTER

● A–C

Björnbärsdrink	139
Blåbärsglass	38
Brownie- och valnötslimpa	101
Bränd mandel	149
Cake pops med choklad och chili	89
Choklad- och lingonpaj	65
Chokladcheesecake med nutellamousse	50
Chokladcupcakes	96
Chokladgalette med bär och pekannötter	73
Chokladkaka med vit chokladganache	110
Chokladmunkar med dulce de leche	113
Chokladpavlova med ganache, grädde och bär	77
Chokladtårta med bär och Amaretto	121
Churros med ganache	102
Citroncupcakes med honungsfrosting	78
Citronrulltårta med marängfrosting	125
Citrontårta	118

● D–F

Double chocolate chip cookies	12
Dulce de leche	149
Earl Grey-macaroner	16
Franska kanelbullar	106

● G–I

Ganachetårta med sirapssmörkräm och körsbär	116
Glass med brownies, nötter och chocolate chip cookies	53
Grapefrukt- och timjanfizz	132
Halvfryst cheesecake med hallon och jordgubbar	37
Hot shots	136

● J–L

Jordgubbs- och chokladcupcakes	91
Jordgubbscupcakes	81
Jordgubbsglass med kondenserad mjölk	45
Jordnötskakor	11
Kaneldoftande plommongalette	66
Key lime pie	58
Knaprig smulpaj med björnbär	61
Kokoskaka	109
Krispiga minipajer med vaniljkräm och bär	70
Lakritskakor	23
Lakritsrulltårta med hallonmarängfrosting	126
Lavendeltryffelpaj	69
Lemon curd	148
Liten Kakas red velvet-tårta	128

● M–O

Margarita	143
Marängfrosting	149
Marängtårta	122
Minipavlova med citron- och mascarponekräm	85
Mintbrownies i burkar	82
Nektaringalette	62
Nutellaglasstårta	46

● P–R

Peanut and chocolate chip cookies	15
Persika- och rosmarinfizz	140
Red velvet-kakor	26
Rosenkakor	19

● S–U

Smultronkakor	29
Små sockerkakor med choklad	86
Små sockerkakor med fläder	92
Små tårtor med mascarponekräm i burkar	95
Smörkakor med citron och vallmofrön	20
Sockerkaka och persika med dulce de leche och ricottakräm	105
Somrig sockerkaka med färska bär	57
Tarteletter med mascarponekräm och rabarberkompott	25
Thaibasilika-sangria	135
Tryffel/ganache	148
Tryffelcheesecake med kaffe och citron	42

● V–Ö

Vaniljglass	34
Vaniljparfait med jordgubbs- och rabarberkompott	41
Varm lavendelchoklad	145
Vit chokladmousse med björnbärskompott	49
Whiskychoklad	136
Yoghurtglass med pistagenötter och honung	33